EPÍTOME DE DIREITO ADMINISTRATIVO BRASILEIRO

segundo o programa do curso de 1884

CONTRACORRENTE

José Rubino de Oliveira

EPÍTOME DE DIREITO ADMINISTRATIVO BRASILEIRO

segundo o programa do curso de 1884

SÃO PAULO
2023

CONTRACORRENTE

Alameda Itu, 852 | 1º andar |
CEP 01421 002
www.loja-editoracontracorrente.com.br
contato@editoracontracorrente.com.br

EDITORES
Camila Almeida Janela Valim
Gustavo Marinho de Carvalho
Rafael Valim
Walfrido Warde
Silvio Almeida

EQUIPE EDITORIAL
COORDENAÇÃO DE PROJETO: Juliana Daglio
PREPARAÇÃO DE TEXTO E REVISÃO: Amanda Dorth
REVISÃO TÉCNICA: Ayla Cardoso e Douglas Magalhães
DIAGRAMAÇÃO: Pablo Madeira
CAPA: Maikon Nery

EQUIPE DE APOIO
Fabiana Celli
Carla Vasconcelos
Valéria Pucci
Regina Gomes
Nathalia Oliveira

Dados Internacionais de Catalogação na Publicação (CIP)
(Câmara Brasileira do Livro, SP, Brasil)

Oliveira, José Rubino de
Epítome de Direito Administrativo brasileiro segundo o programa do curso de 1884 / José Rubino de Oliveira. -- 1. ed. -- São Paulo : Editora Contracorrente, 2023.

Bibliografia.
ISBN 978-65-5396-095-4

1. Direito Administrativo - Brasil 2. Direito Administrativo - Leis e legislação - Brasil I. Título.

23-147499 CDU-35(81)

Índices para catálogo sistemático:
1. Brasil : Direito Administrativo 35(81)
Aline Graziele Benitez - Bibliotecária - CRB-1/3129

@editoracontracorrente
Editora Contracorrente
@ContraEditora

AO LEITOR

O pequeno livro que publico, sob o título de *Epítome de Direito Administrativo brasileiro*, contém apenas um resumo das preleções que fiz, desenvolvendo as teses indicadas no programa por mim apresentado à muito ilustrada Congregação dos Lentes da nossa Faculdade de Direito, na primeira sessão do corrente ano de 1884.

Escrevendo-o a toda pressa, às instâncias dos meus alunos, para o fim de lhes facilitar o estudo das matérias, sobre as quais tinham de versar os seus exames, neste ramo de Direito, não me foi possível, muitas vezes, nem mesmo ler o que escrevia, e muito menos apurar os meus escritos antes de os mandar imprimir, para serem distribuídos em fascículos.

Por essa razão, o *Epítome* há de forçosamente conter defeitos que não possam ser corrigidos, senão mediante uma revisão atenta e escrupulosa, como desejo e espero poder fazer.

Se esta escusa satisfizer ao leitor, serei absolvido por sua benevolência.

Rubino

SUMÁRIO

APRESENTAÇÃO

Em 2017, estava envolvido na elaboração de minha tese para o concurso de livre-docente, na Faculdade de Direito da Universidade de São Paulo (FDUSP), que despois transformou-se no livro *Testes de Legalidade*. Foi nesse momento, revolvendo a nascente Teoria do Direito Administrativo, em textos brasileiros do século XIX, que me encontrei com a *Epítome de Direito Administrativo brasileiro*, de José Rubino de Oliveira, de 1884.

O livro é um testemunho perfeito do grau de evolução do Direito Administrativo brasileiro, na segunda metade do século XIX, e de nossas raízes firmes e profundas no Direito francês.

Não conhecia, até então, Rubino de Oliveira. Os primórdios do Direito Administrativo brasileiro, para mim, estavam vinculados a Uruguay, Ribas, Furtado, Pereira do Rego e me senti sinceramente constrangido ao saber (ou ao constatar que ignorava o fato) que Rubino de Oliveira fora o primeiro catedrático de Direito Administrativo da Faculdade de Direito de São Paulo (na época a Universidade de São Paulo ainda não havia sido oficialmente fundada). Como poderia não o conhecer?

Fato é que o achado me instigou a pesquisar mais sobre Rubino de Oliveira e logo descobri um personagem histórico, digno de películas cinematográficas. Ele não fora somente o primeiro catedrático do imberbe Direito Administrativo, como fora a primeira pessoa negra a realizar esse feito nas Arcadas do Largo de São Francisco, após uma trajetória de vida singular, batalhadora, simbólica da obstinação dos trabalhadores e intelectuais negros do segundo império brasileiro.

A partir daí, li os textos de Rubino e incorporei-o à aula inaugural da disciplina "Direito Administrativo" que ministrei em 2018, ano em que, coincidentemente, entrava no Largo de São Francisco a primeira turma de quotistas raciais.

Em 2018, nossa Faculdade de Direito (como diria Rubino de Oliveira) estava bastante agitada pela ação dos "coletivos" de estudantes, muitos ligados à luta pelo direito à igualdade e integração raciais. Nesse clima, a referência ao primeiro catedrático negro, em minha aula de Direito Administrativo, ecoou forte nas Arcadas, tanto que algum tempo depois, os alunos começaram a reivindicar que Rubino de Oliveira tivesse uma sala com seu nome, em nosso prédio histórico, onde outros antigos catedráticos e titulares encontram-se dessa maneira homenageados.

Em 2020, por decisão da Congregação da FDUSP, Rubino de Oliveira ganhou um auditório com seu nome. O mais surpreendente dessa história, repleta de boas energias e coincidências, é que o Prof. Floriano de Azevedo Marques (titular também de Direito Administrativo e então diretor da faculdade), conseguiu localizar um retrato de Rubino de Oliveira, uma pintura a óleo, do século XIX, incrivelmente guardada desde então, em perfeito estado, nos depósitos da faculdade e, assim, a homenagem (praticamente um resgate histórico) parecia completa.

Mas o epílogo ainda estaria por vir. A divulgação da homenagem a Rubino de Oliveira, em 2020, foi recebida com muito impacto na opinião pública e sensibilizou o amigo, professor de Direito Administrativo e editor Rafael Valim. Valim me procurou e perguntou se eu tinha a Epítome. Claro, enviei-lhe prontamente a mesma cópia digital que me havia sido franqueada pela querida

Maria Lúcia Beffa, bibliotecária da FDUSP, e aqui estamos agora a mirar e poder reler essa reedição maravilhosa, capitaneada por Valim e pela editora Contracorrente. Não será nunca demais agradecer a Valim, por sua sensibilidade, pelos cuidados que teve com essa edição, por seu engajamento à causa democrática e por ter nos proporcionado a oportunidade de reler Rubino de Oliveira, nos dias de hoje.

Como se tudo isso não bastasse, Valim ainda nos brinda com um prefácio em coautoria com um dos maiores teorizadores do racismo e do Direito no Brasil contemporâneo, o professor Silvio Almeida.

Saravá, Rafael Valim e Silvio Almeida!

Viva, Rubino de Oliveira!

MARCOS A. PEREZ
Prof. Associado da FDUSP

PREFÁCIO

José Rubino de Oliveira nasceu em Sorocaba, em 24 de agosto de 1837. De família pobre, cedo foi vítima da orfandade paterna e foi educado pelo padrasto, negociante de arreios. Em 1860 se matricula no Seminário Episcopal de São Paulo, onde teve acesso aos estudos de humanidades e teologia.[1] Os estudos religiosos pavimentam o caminho para o ingresso na Faculdade de Direito do Largo de São Francisco em 1864, aos 27 anos de idade.

Na descrição de Almeida Nogueira, José Rubino de Oliveira fazia alarde da sua cor. Em tom humorístico, sobre ela falava todos os dias, à semelhança de seu amigo Luiz Gama, de quem, em tom de gracejo, dizia-se parente.[2] Ademais, constrangia aqueles que negavam ou escamoteavam sua própria negritude.

Reprovado em oito concursos consecutivos, para os quais elaborou diversas teses sobre Direito Tributário (*Sobre quem recaem os impostos lançados sobre os gêneros produzidos e consumidos*

---

1 MAGALHÃES PINTO, Ana Flávia. *Escritos de liberdade*: literatos negros, racismo e cidadania no Brasil oitocentista. Campinas: Editora da Unicamp, 2019.

2 NOGUEIRA, José Luiz de Almeida. *A Academia de São Paulo*: tradições e reminiscências - estudantes, estudantões, estudantadas (quarta série). São Paulo, 1908, p. 230.

no país), Direito de Família (*A legitimação por subsequente matrimônio estende-se a todos os filhos?*), Direito Civil (*Novação, condições e diferenças em direito civil e comercial*) e Direito Criminal (*O que se deve entender por fases de crime?*), em 1879 é aprovado para a disciplina de direito natural, convertendo-se nesta ocasião no primeiro professor negro da história da Faculdade de Direito do Largo do São Francisco.[3]

Em 1882, em decorrência da aposentadoria do Conselheiro Furtado de Mendonça, torna-se Catedrático de Direito Administrativo. Dois anos depois, em 1884, publica o presente livro, *Epítome de Direito Administrativo segundo o programa do Curso de 1884*, com propósitos nitidamente didáticos, para servir como texto-base da disciplina. Falece em 04 de agosto de 1891, aos 54 anos de idade.

Como nos relata o Professor Marcos Perez na apresentação desta obra, em 2020, por decisão da Congregação da Faculdade de Direito da USP, José Rubino de Olivera ganha um auditório com seu nome e sai do ostracismo que o racismo estrutural havia lhe imposto.

Esta reedição vem exatamente nesse contexto de recuperação do legado de José Rubino de Oliveira, cujo pensamento contribuiu para a formação do Direito Administrativo brasileiro e merece ser examinado com a devida atenção pelos juspublicistas.

Muitos aspectos interessantes emergem de sua obra, a começar por um pormenor observado por Walter Guandalini Junior: é o primeiro livro de Direito Administrativo brasileiro em que a doutrina brasileira é mais citada que a estrangeira.[4] Também é

---

3 GUANDALINI JUNIOR, Walter. *Raízes históricas do Direito Administrativo brasileiro*: fontes do Direito Administrativo na doutrina brasileira do século XIX (1857-1884). Curitiba: Appris, 2019, p. 70.

4 GUANDALINI JUNIOR, Walter. *Raízes históricas do Direito Administrativo brasileiro*: fontes do Direito Administrativo na doutrina brasileira do século XIX (1857-1884). Curitiba: Appris, 2019, p. 73.

digno de nota a forma como se expõe a fenomenologia das funções legislativa e administrativa, muito embora se adote um conceito de discricionariedade oitocentista, incompatível com o Estado de Direito. Nas palavras de José Rubino de Oliveira, "(...) a lei manda; a administração obedece"[5] e "(...) a ordem e a execução importam a ideia de dois atos distintos e separados, realizados por modos bem diversos; porquanto, quem ordena, se exprime em tese; quem executa, desce à prática". E arremata: "a lei formula sínteses gerais, com caráter de permanência; a administração, porém, desenvolve estas sínteses, aplicando-as aos fatos ocorrentes, de conformidade com as circunstâncias especiais e variáveis do tempo e dos lugares".[6]

Trata-se, como se vê, de reflexões sofisticadas, que poderiam tranquilamente figurar em um bom manual contemporâneo de Direito Administrativo. Outros tantos excertos da obra poderiam ser trazidos à consideração para comprovar o seu valor e a sua utilidade para os estudiosos do Direito Público, mas deixaremos esta tarefa à querida leitora e ao querido leitor, cujo interesse pelo ilustre professor das arcadas José Rubino de Olivera será seguramente recompensado.

SILVIO LUIZ DE ALMEIDA

RAFAEL VALIM

---

5 RUBINO DE OLIVEIRA, José. *Epitome de Direito Administrativo brasileiro segundo o programa do curso de 1884*. São Paulo: Contracorrente, 2023, p. 61.

6 RUBINO DE OLIVEIRA, José. *Epitome de Direito Administrativo brasileiro segundo o programa do curso de 1884*. São Paulo: Contracorrente, 2023, p. 62.

PRIMEIRA PARTE

PRELIMINARES

TÍTULO I

DO DIREITO ADMINISTRATIVO

CAPÍTULO I – DA NOÇÃO DA CIÊNCIA DO DIREITO ADMINISTRATIVO

1. No estudo da ciência do Direito Administrativo, bem como no de outra qualquer ciência, a primeira questão complexa que se apresenta ao espírito, e que devemos procurar resolver, é a que tem por objeto a determinação da noção, classificação e limites dela, considerada como ramo da grande ciência do Direito.

Com efeito, sem que se conheça a natureza de uma ciência, que se tem de estudar; sem que se verifique a espécie a que pertence, e qual o seu lugar na respectiva classificação; sem que se determine a órbita de seu domínio, ou os limites que a separam das outras ciências, que mais se lhe aproximam, ou que com ela se encadeiam; é impossível evitar-se, nas indagações das questões, a confusão, que necessariamente há de resultar da importação de ideais que lhe sejam estranhas.

Por isso, a questão da determinação da noção do Direito Administrativo, como base das que têm por objeto sua classificação e limites, deve ser a primeira a examinar-se.

2. Diferentes tem sido as definições do Direito Administrativo, formuladas pelos mais eminentes escritores desta ciência, desde De Gerando até Laferrière. Assim, para De Gerando este Direito é "o complexo das regras ou leis, que determinam as relações entre os administradores e os administrados"; para Macarel, "ele se compõe das leis de interesse público que, em uma nação dada, regulam os direitos e deveres respectivos da administração e dos cidadãos, como membros do Estado";[7] para Foucart, é "a parte do Direito Público que tem principalmente por fim a gestão dos interesses coletivos, em vista do bem-estar social"; para Cabantous, é "o todo das regras, que fixam as relações dos particulares com a autoridade administrativa".[8]

3. Estas definições, porém, não satisfazem, porque não dão uma ideia clara e precisa do que é o Direito Administrativo. Todavia, quando generalizadas, elas todas são acordes em considerar este Direito como tendo por objeto – "o estudo das regras e das leis que regem as relações, e recíprocos direitos e deveres, entre a administração ou autoridades administrativas, e os administrados ou cidadãos".

Sendo assim, a ciência do Direito Administrativo, para ser completa, deve fornecer conhecimentos exatos sobre a natureza e qualidade das pessoas, entre as quais se estabelecem essas relações de direitos e deveres; deve determinar as espécies dessas mesmas relações; deve demarcar a maior ou menor extensão dos meios, em que elas se desenvolvem.

---

7 N.E. MACAREL, Louis Antoine. *Cours d' administration et de droit administratif*. Tomo I. Paris: Librairie de Jurisprudence de Plon Frères, 1852, pp. 18/19.

8 N.E. CABANTOUS, Louis. *Répétitions écrites sur le Droit Administratif contenant l'exposé des príncipes generaux, leurs motifs et la solution des questions théoriques*. Paris: A. Marescq Ainé, 1854.

Conseguintemente, a definição da ciência deste Direito, para ser sua síntese, deve conter em si, além da diferença própria que a distingue dos demais ramos da ciência do Direito em geral, a indicação de todos os elementos que a compõem; sem o que, ela será incompleta e imperfeita, por não compreender todo o objeto que deve ser definido.

Esta indicação, porém, não se encontra nas definições supramencionadas, e por isso elas não podem dar uma ideia clara e precisa desta ciência, de modo que satisfaça.

4. Por essa razão, Laferrière, tendo tomado a administração em seu todo, analisou os elementos de que ela se compõe; determinou-lhe o seu verdadeiro caráter; e, colocando-a em frente dos administrados, procurou e conseguiu dar uma definição compreensiva da ciência do Direito Administrativo, abrangendo a administração em si, e em suas relações com os administrados, nos meios em que elas se desenvolvem.

Com efeito, para este publicista a ciência do Direito Administrativo é

> a ciência da ação e da competência do Poder Executivo, das administrações gerais e locais e dos conselhos administrativos, em suas relações com os interesses ou direitos dos administrados, em face do interesse geral do Estado.[9]

Ora, como é evidente, esta definição compreende todos os elementos componentes do quanto ela indica: I. a natureza e qualidade das pessoas, entre as quais se estabelecem as relações de ordem administrativa; II. as espécies dessas relações, que podem ser de direito ou de simples interesse; III. a maior ou menor extensão dos meios em que estas se desenvolvem.

---

9 N.E. LAFERRIÈRE, Louis Firmin Julien. *Cours de droit public et administratif*, p. IX.

Conseguintemente, ela é uma síntese perfeita desta ciência, de cuja natureza, objeto e extensão, nela se encontra ideia clara e precisa.

Por essa razão, adoto-a, a exemplo de Pradier-Fodéré, Conselheiro Cabral, Conselheiro Furtado, Leão Aucoc e Visconde do Uruguay, que também a adaptaram, com ligeiras modificações, quanto à forma somente.

5. Não obstante, porém, o mesmo Visconde do Uruguay, reconhecendo esta definição, formulada por Laferrière, como a mais completa e satisfatória, e adotando-a em consequência, a qualifica, entretanto, de obscura e carecedora de desenvolvimentos.

Ao nosso ver, não procede esta arguição; porquanto, em matérias tão complexas, como são quase todas as de Direito, não há definição alguma substancial, por mais bem formulada que seja, que possa patentear de vez, e a toda luz, a natureza do objeto definido.

Para sua compreensão, pois, os desenvolvimentos são sempre necessários; e são eles que constituem as diferentes partes do sistema concernente ao ramo, que tenha de ser estudado.

A definição, portanto, substancialmente completa e verdadeira, deve ser mantida, não obstante essa arguição, visto como ela não podia ser formulada em termos simples.

CAPÍTULO II – DA CLASSIFICAÇÃO DA CIÊNCIA DO DIREITO ADMINISTRATIVO NA CIÊNCIA GERAL DO DIREITO

6. O Direito, em geral, e considerado objetivamente, é, como diz Aucoc "o todo das leis (naturais e positivas) que regem as relações dos homens entre si, sob o ponto de vista da justiça".

7. Ora, conquanto estas relações possam ser de diferentes espécies, segundo a qualidade das pessoas entre as quais se

estabelecem, ou a natureza das leis que devem regê-las, é certo que todas se reduzem a duas categorias; pois que, ou são de ordem pública, ou de ordem privada.

Em consequência, o Direito objetivo divide-se também, por sua matéria, em dois ramos – *Público* e *Privado* –, segundo as categorias de relações, que ele tem de reger.

8. Em seu modo de atuar, distinguem-se profundamente um do outro, estes dois ramos do Direito; porquanto, dirige-se o Direito Público pelo *interesse social*, e o Direito Privado pela *equidade natural*.

Em consequência, toda disposição de lei, que visa *imediatamente* o interesse social, e *remotamente* a equidade natural, é de Direito Público; e *vice-versa*, toda disposição de lei, que visa *imediatamente* a equidade natural, e *remotamente* o interesse social, é de Direito Privado.

9. Caracterizados assim os dois ramos, em que se divide o Direito Geral, classifica-se o Direito Administrativo como sub-ramo do Direito Público interno, do qual faz parte, como é fácil de se compreender.

Com efeito, predominando a equidade natural no Direito que rege as relações privadas, e o interesse social no que rege as relações públicas, as leis, de cujo complexo se compõe o Direito Administrativo, devem visar imediatamente este interesse; porquanto elas regem relações jurídicas, não somente entre os agentes da administração, como também entre esta e os administrados. Ora, estas relações são de ordem pública, senão em razão das pessoas, atos e coisas; ao menos, em razão da pessoa da administração e seus atos.

Conseguintemente, este Direito, devendo visar imediatamente o interesse social na ordem interna, onde se distingue, por sua matéria, não somente do Direito Político ou Constitucional, como também do Criminal, é incontestavelmente um ramo do *Direito Público interno*.

CAPÍTULO III – DA DETERMINAÇÃO DA ÓRBITA DO DOMÍNIO DO DIREITO ADMINISTRATIVO

10. Classificado o Direito Administrativo como ramo do Direito Público interno, é ele profundamente distinto do Direito Privado, de qualquer espécie; de modo que as relações pertencentes ao domínio de um, não podem se confundir com as do domínio do outro.

11. Ligado, porém, intimamente com o Direito Político ou Constitucional, que lhe forma as bases e lhe fornece os princípios que tem de aplicar, dele tira a sua razão de existência e consequente autoridade; pelo que, são inseparáveis, como o reconhecem Cabantous, Laferrière e o Visconde do Uruguay.

12. Mas a impossibilidade reconhecida da separação completa destes dois ramos do Direito Público interno não obsta à sua distinção; porquanto cada um deles tem sua natureza, suas funções, seus limites.

Como diz o Visconde do Uruguay:

> Com efeito, o Direito Constitucional ou político regula as grandes feições da organização política; isto é, a forma do governo, as atribuições dos Poderes políticos e as garantias dos cidadãos: tem por fim principal a ordem política. O Direito Administrativo, porém, supõe aquela organização, e a ela se acomoda; refere-se diretamente à administração, e não aos Poderes políticos: tem por fim principal a aplicação das leis de ordem pública, mas não meramente política.

13. Sendo assim, é consequência que a órbita do domínio deste Direito compreende todos os direitos e deveres, todas as necessidades e interesses, que não pertencem, nem à ordem política, nem à ordem privada, nem ao ramo criminal, do qual se distingue por sua matéria. Pelo que, pode-se concluir que o Direito Administrativo se compõe de todas as leis sociais internas, com exceção

das que servem de fundamento à organização constitucional, e das que entram no domínio do Poder Judicial; ou, por outra forma, a órbita do domínio deste Direito compreende as de todas as leis de ordem pública, não política, nem criminal, no interior do Estado.

TÍTULO II

DAS RELAÇÕES E FONTES DO DIREITO ADMINISTRATIVO

CAPÍTULO I – DAS RELAÇÕES DA CIÊNCIA DO DIREITO ADMINISTRATIVO COM AS CIÊNCIAS ADMINISTRATIVA E DA ADMINISTRAÇÃO

14. Determinada a órbita da ciência do Direito Administrativo, como ciência jurídica, pela demarcação dos limites que as separam dos mais ramos do Direito, e considerada como ciência social em face das ciências administrativa e da administração, suscita-se a questão de saber, se ela sem alguma destas se confunde, ou se, distinta de uma e de outra, com ambas está em relações.

Para se resolver esta questão, deve-se primeiramente determinar as noções, assim da ciência administrativa, como da administração, e depois confrontar uma e outra com a do Direito Administrativo, para que se manifeste a identidade, ou a distinção entre elas.

§ I. Noção da ciência administrativa

15. Compreendendo a órbita da ciência do Direito Administrativo, todos os direitos, interesses e necessidades, que estão fora dos demais ramos do Direito Público interno, como ficou demonstrado; sendo múltiplas e várias essas necessidades de diferentes naturezas; sendo elas mais ou menos amplas, mais ou menos urgentes ou imperiosas, mas devendo todas ser satisfeitas, no interesse geral da sociedade, segundo o grau de seu desenvolvimento, ou estado de sua civilização; torna-se evidente que, para satisfazê-las, é necessário, não somente examiná-las e classificá-las em ordem, segundo suas espécies; como também procurar e determinar os meios mais próprios ou adequados para esse fim.

Ora essa indagação, que, para o fim da satisfação das necessidades públicas, deve versar sobre a natureza, tanto dos homens, como das coisas, pressupõe, em quem a exerce, um complexo de conhecimentos teóricos sobre negócios de administração; porquanto, sem esses conhecimentos, infrutífera seria aquela indagação, como é manifesto.

Em consequência, esse complexo de conhecimentos teóricos, que assim dirigem o administrador, o homem de Estado, na aquisição da ciência das necessidades sociais e dos meios de as satisfazer, deve ser denominado – *ciência administrativa.*

Esta ciência, portanto, deve ser definida assim: *complexo de conhecimentos certos, deduzidos da natureza dos homens e das coisas, com referência às necessidades e interesses comuns da sociedade, e dos meios de as satisfazer e de os promover de forma eficaz.*

§ II. Noção da ciência da administração

16. Quando, de conformidade com os princípios teóricos e ensinamentos fornecidos pela ciência administrativa, se organiza a administração com sua ordem hierárquica bem estabelecida,

com os serviços administrativos convenientemente classificados e distribuídos, com os meios práticos que ela tenha de conseguir; aquela ciência, de especulativa que é, torna-se prática até aonde os seus princípios concretizam-se na organização da administração.

17. Ora a administração, com a sua organização interna, com as relações hierárquicas entre os seus agentes, com a classificação e distribuição dos serviços a seu cargo, com os meios práticos de que dispõe, é, por sua vez, objeto positivo e complexo, que, para ser conhecido, exige sérios e profundos estudos.

Conseguintemente, a administração, em seu conjunto, constitui o objeto de uma ciência especial e positiva, que deve ser definida assim: *complexo de conhecimentos certos, adquiridos sobre os diferentes elementos componentes da administração, e sobre os setes meios de ação.*

18. Esta é a ciência que, por seu objeto, deve ser denominada *da administração*; ciência positiva, e não teórica, pois versa sobre instituições existentes no tempo e no espaço.

§ III. Solução da questão da identidade ou distinção entre a ciência do Direito Administrativo e as ciências administrativa e da administração

19. Distintas entre si a ciência administrativa e a da administração, em tanto quanto esta é positiva, e aquela é teórica, contendo mais vasta esfera, podem ambas ser confrontadas com a do Direito Administrativo, para assim se manifestarem as suas relações.

20. I. A ciência do Direito Administrativo, tendo por objeto as relações que se estabelecem, não somente entre a administração e os administrados, como entre ela e seus agentes, não pode ser completa, sem a compreensão dos conhecimentos concernentes à natureza, assim dessas relações, como das entidades relacionadas. Ora, os conhecimentos concernentes à natureza da administração,

sendo uma dessas entidades, pertencem à ciência que a tem por objeto, como ficou demonstrado no parágrafo anterior.

Conseguintemente, a ciência do Direito Administrativo contém a da administração, como seu complemento, pois que, sem ela, não pode reger aquelas relações.

21. II. A administração, porém, em sua organização e ação, deve ser considerada como a concreção de princípios da ciência administrativa, que lhe sirvam de bases, e lhe prestem os tipos necessários para seu aperfeiçoamento.

Por conseguinte, a ciência do Direito Administrativo, para bem conhecer e julgar da perfeição da administração, tem de confrontá-la com os princípios e normas estabelecidas pela ciência administrativa.

Esta ciência, portanto, essencialmente especulativa e mais vasta que a do Direito Administrativo, não somente é sua primeira auxiliar, como também, de certo modo, a contêm; porquanto, ela trata de todos os meios de satisfazer as necessidades sociais, e o Direito é um desses meios.

22. III. Generalizando, pois, esta dupla confrontação, temos como demonstrado, que a ciência administrativa compreende a do Direito Administrativo, tal como foi definido, por ser parte componente do seu vasto objeto; esta, porém, contêm duas partes: a ciência da administração e a ciência das relações entre esta e os administrados.

Tais são as distinções e relações entre as três ciências, administrativa, da administração e do Direito Administrativo.

§ IV. Compreensão da ciência da administração e suas relações com a do Direito Administrativo, por diferentes autores

23. No entender de Cabantous, Laferrière, Visconde do Uruguay, e dos Srs. Conselheiros Furtado e Ribas, a ciência da administração compreende não só a ciência positiva e prática, que tem por objeto a própria administração; como também a ciência especulativa e teórica, que se denomina administrativa.

Como é visto, dando semelhante latitude à ciência da administração, eles não podem deixar de considerá-la como contendo a do Direito Administrativo, quer este seja definido em sentido lato, quer em sentido restrito.

A esta conclusão chegou Cabantous, considerando o Direito neste último sentido; e do mesmo modo concluiu também o Visconde do Uruguay, posto que o tivesse adotado em sentido amplo.

24. Mas o Sr. Conselheiro Ribas, distinguindo na ciência da administração duas partes, das quais uma é puramente teórica, e outra toda positiva, distingue também no Direito Administrativo os dois sentidos amplo e restrito, em que pode ser considerado.

Confrontando-se aquela ciência com a do Direito Administrativo em sentido restrito, tornam-se evidentes as suas profundas diferenças; porquanto esta, sem se ocupar, como aquela, com a boa ou má organização administrativa, com os princípios e regras que dirigem sua ação, trata somente dos direitos e deveres, que nascem das suas relações externas com os particulares.

Considerada, porém, a ciência deste Direito em sentido amplo, ela compreende evidentemente parte da ciência da administração; porque então esta deve ser conhecida em si, e nas relações internas dos seus agentes.

Assim, pois, para este publicista, a ciência do Direito Administrativo só está em relação com a da administração, quando é considerada em sentido amplo; porque, neste sentido, contêm a parte prática desta ciência, e, portanto, deve ser auxiliada pela parte teórica, como se deve concluir da análise a que procedeu.

25. Se se observar que a parte puramente teórica é precisamente idêntica à ciência administrativa, e a parte toda prática, à da administração, tais como foram definidas nos §§ 1º e 2º; chegar-se-á a concluir que a solução dada à questão pelo Sr. Conselheiro Ribas é quase idêntica à que nós também lhe demos no § 3º.

CAPÍTULO II – DAS RELAÇÕES ENTRE O DIREITO ADMINISTRATIVO E OS DEMAIS RAMOS DO DIREITO EM GERAL

26. I. Sendo o Direito Administrativo um ramo do Direito Público interno, dominado pelo mesmo princípio, visando imediatamente o interesse geral, como ficou demonstrado; devendo os princípios constitucionais servir de bases ao organismo da administração, porque devem ser os reguladores da vida social; é incontestável que, sem o conhecimento de tais princípios, não se pode ter a ciência completa do Direito Administrativo em sua mais ampla acepção.

Em consequência, o Direito Público Constitucional, como contendo as bases da organização administrativa, que não pode lhe ser contrária; determinando, além disso, as órbitas de ação de cada um dos ramos do Poder Público, que nele bebem a sua autoridade, e com os quais todos o Poder Administrativo sustenta íntimas relações, não pode por isso, deixar de ser considerado, na ordem do Direito, como o primeiro auxiliar da ciência de que se trata.

27. Do mesmo modo, em razão da dependência em que está o bem comum da sociedade, das boas relações, assim internas como externas, com referência aos outros Estados, é de lógica consequência que o Direito Internacional, tanto Público como Privado, sirva também de auxiliar a esta ciência, cuja missão é promover o bem-estar geral.

28. Pela mesma razão, em uma nação católica, como felizmente é a nossa, o Direito Público Eclesiástico também é auxiliar natural da ciência do Direito Administrativo; porquanto, sem o conhecimento desse Direito, a administração não poderá fazer respeitar suas prescrições, nem tampouco distinguir; o espiritual do temporal, o que é da ordem civil e o que é da ordem eclesiástica, para evitar as invasões recíprocas.

29. Às autoridades administrativas também não pode ser estranho o Direito Criminal; porquanto, as suas prescrições devem ser por elas observadas no cumprimento das penas impostas aos condenados, que tem de sofrê-las nas prisões, nas casas de correção ou de trabalhos, sob a vigilância e direção dessas autoridades.

30. II. Mas não é somente o Direito Público interno e externo que é auxiliar desta ciência; também é o Direito Privado, que se compõe das leis que regem as relações dos indivíduos entre si, determinando seus direitos e deveres recíprocos.

Com efeito, atendendo-se à ação da administração sobre cada um dos ramos, em que se divide o Direito Privado, vê-se manifestamente que ele está em relação com o Direito Administrativo, prestando e recebendo auxílios reciprocamente.

31. Assim é que o Direito Administrativo acha-se em contato com o Direito Civil, quando se trata de desapropriações; de arrecadações de bens de defuntos e de ausentes; de tutelas e de curatelas; registros de nascimentos, casamentos e óbitos; da defesa dos tribunais e execuções de suas sentenças.

32. Com o Direito Comercial, quando se trata da matrícula dos comerciantes; dos registros dos contratos de sociedade e de bens de cônjuge de pessoa comerciante; da arrecadação de bens de negociante falecido, em certas circunstâncias; das falências, em cujo processo a administração deve intervir em vista da segurança do comércio, porque nesta vai também o interesse geral do Estado.

33. Com o Direito Internacional Privado, quando se trata dos mesmos casos acima indicados com referência ao Direito Civil; guardadas as restrições impostas à ação administrativa pelos diferentes estatutos pessoais, próprios dos súditos de cada nação.

CAPÍTULO III – DAS FONTES POSITIVAS DA CIÊNCIA DO DIREITO ADMINISTRATIVO

34. Das relações em que está o Direito Administrativo com os outros ramos do Direito, assim Público como Privado, segue-se como consequente que as fontes positivas da ciência, que o têm por objeto, são as seguintes:

1º as leis que regulam as relações entre a administração e os administrados, porque sem o conhecimento delas não se pode determinar os direitos e obrigações recíprocas entre as entidades relacionadas; 2º as leis concernentes à organização administrativa, e às relações hierárquicas entre os respectivos agentes; 3º os atos regulamentares do Poder Executivo, que, na ausência ou silêncio da lei, tem providenciado nesta ordem de relações; 4º a jurisprudência administrativa, composta das decisões dos tribunais administrativos, e dos pareceres dos órgãos de consulta da administração, firmando a inteligência que, na prática, tem sido dada às respectivas leis; 5º as leis constitucionais, bases da autoridade da administração, contendo em princípio a demarcação dos limites das atribuições administrativas; 6º as leis ordinárias, em geral, para o que diz respeito às relações do Direito Administrativo com o Direito Privado; 7º os tratados com as potências estrangeiras e as concordatas com a Santa Sé, no que é atinente às relações entre o mesmo Direito Administrativo e os dois outros, Internacional e Eclesiástico.

35. Destas fontes, as quatro primeiras devem ser consideradas como próximas, e as três últimas remotas; porquanto, aquelas nos dão conhecimentos da administração em si, e em suas relações com seus agentes e com os administrados; estas, porém, nos instruem

somente acerca das relações do Direito Administrativo com os outros ramos do Direito em geral.

Tais são as fontes positivas da nossa ciência, considerada em si e em suas relações.

36. Resolvida a primeira questão preliminar complexa, e conhecidas as fontes positivas da ciência do Direito Administrativo, entra-se mais orientado no desenvolvimento das diversas partes, de que ela se compõe.

SEGUNDA PARTE

CIÊNCIA DA ADMINISTRAÇÃO

TÍTULO I

DAS BASES FILOSÓFICAS E PRIMEIROS FUNDAMENTOS POSITIVOS DA CIÊNCIA DO DIREITO ADMINISTRATIVO BRASILEIRO

37. Como qualquer outro ramo do Direito Positivo, o Administrativo também tem duas ordens de fundamentos; a primeira consiste nos princípios imutáveis da justiça, ou do direito natural, sobre os quais se baseia toda a instituição justa e sábia; a segunda, porém, na legislação positiva, nos usos e costumes, na jurisprudência ou prática.

Assim, pois, cumprindo-nos estabelecer, antes de tudo, as bases da ciência de que nos ocupamos, trataremos desses fundamentos, em dois capítulos distintos, na ordem em que estão indicados.

CAPÍTULO I – DOS FUNDAMENTOS FILOSÓFICOS DA CIÊNCIA DO DIREITO ADMINISTRATIVO

Seção I – Da sociedade, sua necessidade, divisão e condições essenciais

§ I. Necessidade do estado social

38. A sociedade, diz o Sr. Conselheiro Ribas, é a condição imposta à realização da lei suprema da perfectibilidade, que resume e explica os destinos do homem na terra.

Com efeito, a ciência tem demonstrado, pela análise da natureza humana, que os homens, desprovidos de todos os meios de segurança e de aperfeiçoamento no estado natural, que se admite por abstração, são votados fatalmente ao estado social, no qual só eles podem desenvolver as suas faculdades e aptidões, cuja soma constitui esta sua qualidade denominada "perfectibilidade".

O estado social, portanto, tendo por fundamento a contingência humana, é necessário aos homens.

§ II. Divisão da sociedade

39. Se o estado social, como condição necessária do desenvolvimento da perfectibilidade humana, tem o seu fundamento na natureza do homem, ali mesmo devem estar contidas em princípio todas as condições essenciais da mais perfeita sociedade; porquanto, ela se divide em natural e civil, politicamente constituída.

§ III. Das condições essenciais da sociedade civil, politicamente constituída

40. I. A primeira condição essencial para a existência e aperfeiçoamento desta sociedade é incontestavelmente o Direito; porquanto, ele é a regra da liberdade para o justo desenvolvimento da atividade humana no meio social. Conseguintemente, é de necessidade que o Direito se mantenha ileso, como fundamento e fim da sociedade, pois que, sem ele, não se compreende a possibilidade de segurança, de desenvolvimento e prosperidade na vida social.

41. II. O Direito, porém, para se tornar efetivo e prático, deve ser declarado e aplicado a todas as relações jurídicas entre os membros da associação. Ora, para esse fim, a sociedade deve organizar a sua autoridade, e esta é o Poder Público, que se ramifica, segundo as diversas funções que tem de exercer. Conseguintemente, a autoridade constituída, ou o Poder Público, organizado a segunda condição essencial desta sociedade.

42. III. Do mesmo modo que a ciência tem demonstrado a necessidade destas duas condições, a experiência tem igualmente provado que, sem habitação fixa, em território determinado e próprio do povo que o habita, não é possível o desenvolvimento da perfectibilidade em seu mais elevado grau. Conseguintemente, esta habitação fixa é também condição essencial para o aperfeiçoamento da sociedade.

43. Sendo assim, e tendo a sociedade a sua razão de existência na própria natureza humana, nesta tem também os seus fundamentos as três condições, que lhe são essenciais: Direito, Poder Público e sedentariedade.

Seção II – Do Poder Público e sua unidade; das diferentes formas de sua organização; sua divisão fundamental e distribuição de seus ramos

§ I. Noção e unidade do Poder Público

44. O Poder Público, que é o órgão necessário da declaração e realização do Direito, primeira condição essencial à sociedade, é necessariamente *único,* independentemente da forma de sua organização; porquanto, a unidade é o princípio determinador da personalidade jurídica da sociedade, que ele representa; da soberania, que exerce; do fim final da instituição social, que é o desenvolvimento da perfectibilidade, para cuja realização concorre. Pelo que, determinando-se por tal princípio a sociedade politicamente constituída, quanto ao seu fundamento, natureza e fim, torna-se evidente que é incompreensível a sua existência, sem unidade no poder; o qual, por isso, é necessariamente único.

§ II. Das diferentes formas de organização do Poder Público

45. Três são as formas de governo, bem distintas e caracterizadas: a monarquia, ou governo de um só; a aristocracia, ou governo de alguns; a democracia, ou governo de todos.

Da combinação dos elementos de cada uma destas três formas, resulta outra, denominada – monarquia constitucional representativa – que, em razão dessa combinação, aspira ser adaptável a todas as sociedades políticas.

46. Mas, atenta a diferença que há de povo a povo, de nação a nação, é moralmente impossível que uma forma única de governo seja a todas adaptável e conveniente; porquanto, uma nação próspera tanto mais quanto a sua Constituição, e, portanto, a forma

do seu governo é acomodada ao grau de seu desenvolvimento, ao estado de sua civilização.

47. Influindo assim a forma do governo nos destinos da nação, deve-se forçosamente reconhecer, na soberania nacional, o direito imanente de adaptá-la, em qualquer tempo, à índole, ao gênio e à cultura dos membros da sociedade que tem de ser dirigida.

48. Consequentemente, o Poder Público, que é o governo, posto que seja necessário e único em essência, contudo, quanto à forma, quanto ao modo da sua organização, é variável e dependente da ação livre dos homens.

§ III. Da divisão fundamental do Poder Público e da distribuição de seus ramos – conclusão

49. I. Posto que o Poder Público deva ser necessariamente *um* em princípio, qualquer que seja a sua forma, como ficou demonstrado; contudo, devendo ele se aplicar forçosamente a todos os ramos das necessidades sociais, promovendo o bem-estar da sociedade e dirigindo seus interesses coletivos, pode por isso ser considerado como dividido, segundo a natureza das suas diversas funções.

50. Ora, dentre todas as necessidades sociais, as primeiras são as da declaração do Direito e da sua aplicação a todas as relações, assim públicas como privadas, no seio da sociedade.

A estas duas primeiras necessidades, que resumem em si todas as demais da ordem do Direito, correspondem, da parte do Poder Público, duas grandes funções, que dão lugar a que ele seja considerado como bipartido em Poder Legislativo e Poder Executivo.

Assim, o Poder Público é *Legislativo,* enquanto declara o Direito, fixando as regras e estabelecendo as normas, que devem reger as relações sociais; é *Executivo, enquanto* aplica o Direito aos fatos e atos, enquanto o realiza nessas relações.

Tal é a divisão fundamental deste poder.

51. II. Nas monarquias absolutas, estes dois ramos do Poder Público acham-se concentrados nas mãos de um só homem, que os manda exercer em seu nome por seus delegados, sob a sua única autoridade e direção, porque ele, por ser o monarca, se considera como a fonte de todo o poder.

52. Nas monarquias constitucionais, nos governos mistos, pelo contrário, todos os ramos do poder são delegações da nação; única, que contêm em si a soberania absoluta, tendo por limites somente a razão e a justiça.

Em tais governos, cada ramo do Poder Público tem uma organização própria; mantêm-se independentes, cada um na órbita das suas atribuições, posto que, como ramos de um poder único, devam caminhar em harmonia para o fim comum, ou final, das suas instituições, qualquer que seja a sua divisão constitucional, ou científica.

53. III. De fato, a ciência do Direito Público filosófico, reconhecendo e distinguindo, no poder social, diferentes funções de ordem executiva, conforme a diversidade das relações a que se aplica a ação deste poder; reconhece, por isso mesmo, que, nesta ordem, ele ainda pode ser subdividido em outros ramos, como o governamental, o Administrativo e o Judicial, cujas funções a mesma ciência determina.

54. Assim, pois, a ciência do Direito Público filosófico, compreendendo os princípios fundamentais e orgânicos da sociedade; demonstrando a razão de ser do Poder Público, e discriminando suas funções para considerá-lo, em consequência, como dividido em diversos ramos; contemplando, entre aquelas, as funções administrativas, e entre estes, o respectivo poder; estabelece por isso mesmo os fundamentos filosóficos da ciência do Direito Administrativo.

CAPÍTULO II – DOS PRIMEIROS FUNDAMENTOS POSITIVOS DA CIÊNCIA DO DIREITO ADMINISTRATIVO BRASILEIRO

Seção I – Da origem, divisão e organização do Poder Público, segundo a Constituição do Império

§ I. Da origem do Poder Público

55. Sobre os princípios, que ficaram estabelecidos no capítulo antecedente, baseou-se o regimento constitucional, que nos rege; porquanto, declarando o pacto fundamental que a associação política dos cidadãos brasileiros o forma uma nação livre e independente,[10] regida por um governo monárquico hereditário constitucional e representativo,[11] não somente reconhece que ela se funda no Direito, como também que, em razão de sua personalidade, contêm em si a, soberania absoluta, cujos Poderes delega;[12] reservando para si a faculdade de os modificar, alterando, como entender conveniente, os limites e atribuições de cada um deles.[13]

Em consequência, não admitindo a Constituição do Império a existência de pessoa alguma, individual ou coletiva, que seja soberana, além da nação; o Poder Público, necessário em princípio, como atributo essencial de toda associação política, provêm, não em substância que é intransferível, mas quanto ao exercício, da soberania nacional, mediante a delegação.[14]

---

10 Constituição, art. 1.

11 Constituição, art. 3.

12 Constituição, art. 12.

13 Constituição, art. 174 a 178.

14 Constituição, art. 12.

Tal é a origem do Poder Público, em seus diversos ramos, segundo a Constituição.

§ II. Da unidade e divisão do Poder Público

56. I. Consagrando o princípio da unidade no Poder Público, reconhece, entretanto, a Constituição que, dividindo-o em diversos ramos, e harmonizando-os entre si, firma o princípio conservador dos direitos dos cidadãos, e estabelece o mais seguro meio de efetivar as garantias que ela oferece.[15]

57. II. Em consequência, a mesma Constituição divide o Poder Público em quatro ramos, denominando-os *Legislativo, Moderador, Executivo* e *Judicial*, todos considerados como delegações da nação e independentes uns dos outros.[16]

§ III. Da organização do Poder Público

58. Criando assim independentes os diferentes ramos deste poder, para atuarem, cada um em sua esfera, exercendo funções determinadas em títulos distintos,[17] e reconhecendo, entretanto, a necessidade de os harmonizar entre si, para que todos eles concorram eficazmente para o fim final do Estado; quis a mesma Constituição que o Poder Moderador fosse a chave do organismo estabelecido, e o mantenedor da independência e harmonia dos demais ramos do Poder Público.[18]

---

15 Constituição, art. 9.

16 Constituição, art. 10, 12, 98.

17 Constituição, tits. 4, 5 e 5.

18 Constituição, art. 98.

59. Em consequência, delegou aquele poder privativamente ao Imperador;[19] porque ele, em razão da perpetuidade do seu cargo,[20] e da sua qualidade de chefe de uma dinastia hereditária[21] tem, por si e por seus descendentes, incontestável interesse na conservação e prosperidade da sociedade brasileira, e, portanto, na independência e harmonia dos Poderes políticos, como condição essencial da ordem social.

60. É nesse interesse próprio do delegado privativo do Poder Moderador que consiste a maior garantia contra o possível abuso do mesmo poder; porquanto, preponderante, como incontestavelmente o é, sobre os outros ramos do Poder Público,[22] com certeza tornar-se-ia absoluto, se não de direito, ao menos de fato, se fora confiado a outras mãos.

61. Evitado assim esse perigo pela posição especial do seu delegado, o Poder Moderador chega a atingir o fim da sua instituição; porquanto, o Imperador, que é quem o exerce, comparticipante, como é, dos Poderes Legislativo[23] e Executivo,[24] e estando em contato com o Poder Judicial,[25] melhor do que ninguém pode ele conhecer os limites das funções próprias de cada um destes ramos, para o fim de evitar entre eles reciprocas invasões.

Assim, pois, o Poder Moderador, tendo força suficiente, como diz o Sr. Conselheiro Ribas, para conter os outros Poderes, é, ao mesmo tempo, incapaz de atentar contra a sua independência.

---

19 Constituição, art. 98.

20 Constituição, art. 4.

21 Constituição, art. 3 e 4.

22 Constituição, art. 62 e 101, §§ 5, 6, 7, 8 e 9.

23 Constituição, art. 62 e 101, § 3.

24 Constituição, art. 102.

25 Constituição, art. 101, §§ 7 e 8, e art. 154.

Seção II – Da determinação do Poder Administrativo, segundo a Constituição

62. I. É de notar-se, que, entre os quatro Poderes políticos reconhecidos pela Constituição no art. 10, não se encontre explicitamente nomeado o Poder Administrativo; o qual, não obstante, por ser necessário, deve existir e fazer parte de um dos ramos indicados.

63. De fato, examinando-se as atribuições desses Poderes, depara-se nas do Executivo, com duas categorias bem distintas entre si, não somente em razão do modo porque este poder atua, como também da maior ou menor extensão, que ele dá à sua ação; porquanto, para promover o bem-estar do Estado, o mesmo poder procede, ou por medidas gerais, ou por medidas de detalhes, curando de todos os serviços, que a necessidade ou o interesse social exige, em qualquer ponto do país; colocando-se, para esse fim, em relações com os indivíduos.

64. Da distinção dessas duas categorias de atribuições executivas, próprias deste ramo do poder, resulta a sua natural subdivisão em Executivo puro, político ou governamental, e em Executivo administrativo. Como Executivo puro, procede por medidas gerais; não desce a minudências, nem se põe em contato com individualidades: como Executivo administrativo, porém, multiplica a sua atenção, aplicando-a mesmo aos detalhes dos serviços, de cuja realização dependa, por qualquer modo, o interesse social.

65. II. Em confirmação de que o Poder Executivo contém implicitamente o Administrativo por nossa Constituição, pode-se invocar os seguintes argumentos: 1º as atribuições que ela confere ao Imperador, de nomear, remover e demitir os Presidentes de província, que são administradores;[26] porquanto, exercendo essas atribuições com referência a estes funcionários, ele procede como chefe do Poder Executivo, e não como delegado privativo do

---

26 Constituição, art. 165.

Poder Moderador, ou como participante do Poder Legislativo.[27] 2º a qualidade de administrador, conferida ao Imperador, como está declarado na mesma Constituição art. 15 § 6º; porquanto, se ele administra, não é no caráter de legislador, nem de delegado do Poder Moderador, cujas atribuições estão especificadas taxativamente no art. 101; porém, sim, na qualidade de chefe do Poder Executivo. 3º finalmente, a função que tinha o Conselho de Estado, pela Constituição art. 142, de dar pareceres sobre medidas gerais da pública administração; porquanto, tratando ela no mesmo título V. em que criou este Conselho, do Poder Moderador, que não administra, e, após ele, do Poder Executivo, cujas principais atribuições indica no art. 102, manifestamente refere-se a este poder, atribuindo-lhe o exercício dessa administração.

66. Assim, pois, vê-se claramente que, por nossa Constituição, o Poder Executivo exerce funções governamentais e administrativas; pelo que, pode ser dividido naturalmente nos dois ramos supramencionados, distinguindo-se um do outro pela natureza dos atos que praticam.

67. III. Portanto, pode-se concluir que: o Poder Administrativo é, pela Constituição do Império, um ramo do Poder Executivo, como órgão das funções da Administração Pública.

68. Tais são os primeiros fundamentos positivos, em que, depois dos princípios filosóficos que foram indicados, se baseia a ciência do Direito Administrativo brasileiro, começando pelo reconhecimento da constitucionalidade e do poder, princípio vital da administração.

---

27 Constituição, art. 62 e 101 e 102 comb.

TÍTULO II

DO PODER ADMINISTRATIVO COMPARADO COM OS OUTROS RAMOS DO PODER PÚBLICO

CAPÍTULO I – DAS DISTRIBUIÇÕES E RELAÇÕES ENTRE O PODER ADMINISTRATIVO E O EXECUTIVO PURO, POLÍTICO OU GOVERNAMENTAL

§ I. Das distinções entre estes dois ramos do Poder Executivo

69. Competindo ao Poder Executivo, entre outras atribuições, as de expedir decretos, regulamentos e instruções para a boa execução das leis, bem como de decretar medidas concernentes à segurança interna e externa do Estado;[28] é evidente que, no exercício destas atribuições, lhe aparecem casos em que ele tem de proceder de modo geral; e outros, em que tem de descer a detalhes, limitando

28 Constituição, art. 102, §§ 12 e 15.

a sua ação a localidades, e até mesmo a individualidades, em vista do interesse público.[29] Nestes casos, o Poder Executivo funciona como administrador; naqueles, como governo.

70. Enquanto este poder funciona como governo, é ele o encarregado da direção moral dos interesses da nação, assim na ordem interna, como nas relações externas, ou internacionais. Em consequência, ele é o depositário do pensamento político do Estado; e a administração, na aplicação das medidas gerais, que tiverem sido tomadas por este poder, não pode se afastar daquele pensamento que as ditou.

Assim, pois, distintos por seu modo de ação, o Poder governamental e o Administrativo, acham-se, contudo, de tal sorte ligados entre si, que este, como executor das ordens e decretos que emanam daquele, está sob a influência de sua direção geral, no que respeita aos interesses da nação.

§ II. Das relações entre o Poder governamental e o Administrativo

71. Do que ficou exposto no parágrafo antecedente, é consequência que estes dois ramos do Poder Executivo estão em íntimas relações; porquanto, se a administração recebe o influxo do poder governamental, em tanto quanto, executando suas determinações, deve sujeitar-se à direção deste poder; o governo, por sua vez, necessita também dela, não somente para fazer efetivos os seus decretos, como também para, por seu intermédio, chegar ao conhecimento das necessidades e interesses nacionais que devam ser objetos de medidas gerais.

---

29 Constituição, art. 102, § 11.

§ III. Da independência do Poder Administrativo em suas relações com o governamental

72. I. Não obstante as íntimas relações em que estão estes dois ramos do Poder Executivo, e mesmo apesar da direção geral e da competência do ramo governamental, deve o Administrativo gozar de liberdade e independência na esfera que lhe é privativa, concernente aos detalhes do serviço público, à aplicação das leis, aos direitos e deveres dos administrados. Porquanto, como diz Vivien, nesta tarefa secundária, a administração é uma verdadeira magistratura, que, por não ter sido instituída no interesse pessoal de alguém, nunca representa senão o próprio Estado.

73. II. Entretanto, posto que se proclame a independência da administração, dentro da esfera que lhe é própria, mesmo em referência ao poder governamental; todavia, em razão da íntima ligação em que ela está com este poder, corre constantemente o perigo de ser por ele absorvida.

É, portanto, ponto capital da ciência a resolução do problema da defesa da administração contra as possíveis invasões deste poder.

74. Sobre este ponto, divergem as opiniões. Uns entendem que a administração tem o seu baluarte de defesa indefectível na responsabilidade ministerial;[30] outros, porém, demonstrando a ineficácia dessa responsabilidade, quando se trata de atos puramente administrativos, apresentam, como meio único de colocar a administração ao abrigo das invasões do poder governamental, o estabelecimento de uma organização administrativa, justa e sábia; isto é, rodeada de todas as garantias, e fundada sobre as bases da justiça e da equidade.[31]

30 Constituição, art. 132.

31 VISCONDE DO URUGUAY. *Ensaio sobre o Direito Administrativo*, Tom. I, cap. 3.

75. III. Destas duas soluções, a segunda é admissível, por ser conforme à verdade teórica; mas, na prática, ela é de impossível aplicação em toda a sua latitude.

Com efeito, a organização administrativa, tal como para o fim se deseja, pressupõe a possibilidade de uma separação perfeita e prática entre o que é político, e o que é administrativo, para poderem ser detalhadas com precisão, nas leis regulamentares, todas as atribuições naturalmente próprias do Poder Administrativo, com distinção das que pertencem, pelo mesmo título, ao poder governamental.

Ora esta separação perfeita e prática não pode ser feita – *a priori* –; porquanto, só com o estudo e a experiência adquirida no manejo dos negócios é que se pode ir colhendo os dados necessários para uma classificação, cada vez mais perfeita, das diferentes espécies correspondentes a cada uma das atribuições, que devem ser determinadas pelo Poder Legislativo.[32]

Conseguintemente, essa organização ideal administrativa é irrealizável em toda a sua plenitude, desde que se demonstra que as atribuições, próprias de cada um dos ramos do Poder Executivo, não podem ser todas determinadas – *a priori* –, detalhadamente e com precisão.

Portanto, por mais perfeita e completa que possa ser uma organização administrativa, na prática, as pequenas invasões serão sempre possíveis, no domínio do Direito Positivo. Contra elas, pois, não pode haver outra garantia em prol da administração, em suas relações com o poder governamental, que não seja a que oferecem os princípios gerais da justiça e equidade.

---

32 Constituição, art. 15 § 8, e art. 166.

§ IV. Dos pontos de distinção e relações entre os dois ramos do Poder Executivo

76. Demonstradas a distinção e relações entre o Poder governamental e o Administrativo, os respectivos pontos podem ser determinados do seguinte modo:

1º Girando o Poder governamental e o Administrativo, cada um na órbita que lhe é própria, distinguem-se entre si, quanto à substância, quanto aos atos e quanto aos modos de ação: *quanto à substância*, porque o poder governamental é essencialmente único e indivisível, e a administração é divisível por natureza; *quanto aos atos*, porque os governamentais são irrevogáveis, exceto pela lei, e os administrativos são revogáveis pelos superiores hierárquicos e pelos respectivos tribunais; *quanto aos modos de ação*, porque o poder governamental atua por si, direta e imediatamente, e o Administrativo age por intermédio dos seus agentes, e, portanto, indireta e mediatamente.

2º O poder governamental tem por missão a direção geral das relações do Estado, tendo por auxiliar o Poder Administrativo; mas este, atuando sob essa direção, é livre e independente na organização dos serviços, na aplicação especial das leis e nas relações imediatas com os cidadãos, salva a responsabilidade dos seus agentes.

§ V. Da importância prática da distinção entre o Poder governamental e o Administrativo

77. Sustentam alguns publicistas e estadistas, entre os quais Cabantous e o Senador Bernardo Pereira de Vasconcellos, que a distinção entre os dois ramos do Poder Executivo não é real; porquanto, entendem que, muito embora sejam substancialmente distintas entre si as funções governamentais e as administrativas, contudo estas últimas são atributos do Poder Executivo; e, por isso, concluem que semelhante distinção não tem importância prática.

78. Esta doutrina não é verdadeira; porquanto, em primeiro lugar, diferentes são os meios, porque se defendem os cidadãos das lesões que sofrem, quando por atos do governo, e quando por atos da administração; em segundo lugar, é impossível proceder-se à classificação das matérias pertencentes a cada um destes dois ramos, sem que se conheça distintamente as funções próprias do governo, e as que são próprias da administração.

Portanto, há necessidade de saber-se quando o Poder Executivo atua como governamental, e quando como Administrativo; vindo daqui o alcance prático da distinção, tanto para o conhecimento dos recursos e modos de empregá-los, como para a determinação das matérias, com referência às atribuições governamentais e administrativas.

CAPÍTULO II – DAS DISTINÇÕES E RELAÇÕES ENTRE OS PODERES ADMINISTRATIVO E LEGISLATIVO

§ I. Das distinções entre os dois Poderes e da independência do Administrativo, relativamente ao Legislativo

79. I. A Constituição política do Império, tendo dividido o Poder Público em Legislativo, Moderador, Executivo e Judicial, os declarou independentes uns dos outros, cada um com a sua esfera distinta de atribuições; devendo, não obstante, ser mantidos em equilíbrio e harmonia, como membros de um poder único.

Conseguintemente, sendo o Poder Administrativo um dos ramos em que se divide o Executivo, como ficou demonstrado no capítulo precedente; segue-se que ele também é independente em face dos outros Poderes, e, portanto, do Legislativo.

80. Assim independentes, tem estes dois Poderes órbitas distintas de ação, cuja linha divisória foi traçada pela mesma Constituição nos arts. 15 § 8º e 102 § 12º.

Com efeito, ao Poder Legislativo ela conferiu a atribuição de fazer leis, interpretá-las, derrogá-las e ab-rogá-las; e ao Poder Executivo, a de expedir regulamentos, decretos e instruções para a boa execução das leis, como ali se lê. Ora, o Poder Administrativo, sendo um dos ramos do Poder Executivo, tem necessariamente a mesma missão que este poder, quando confrontado com o Legislativo; porque, nesta relação, o que é próprio do gênero, também o é da espécie. Conseguintemente, se ao Poder Legislativo compete fazer as leis, ao Administrativo incumbe executá-las.

Portanto, a lei manda; a administração obedece.

81. II. Sendo assim, parece que o Poder Administrativo não é independente; mas que, pelo contrário, está sempre sujeito ao Poder Legislativo, cujas ordens ou preceitos põe em execução.

Para se resolver esta dificuldade aparente, é bastante atender-se para a natureza e o modo de ação de cada um destes Poderes.

Com efeito, a ordem e a execução importam a ideia de dois atos distintos e separados, realizados por modos bem diversos; porquanto, quem ordena, se exprime em tese; quem executa, desce à prática.

Portanto, competindo ao Poder Legislativo dar as ordens, e ao Administrativo promover a execução, é este, e não aquele, que desce aos fatos e se entrega à prática.

Ora, aqui, onde se estabelece o domínio próprio da administração, deve o Poder Administrativo ser forçosamente livre e independente na apreciação das inúmeras hipóteses, que circunstâncias sempre novas podem criar; na escolha dos diferentes meios que, segundo os casos, deve empregar para a execução das leis, conforme o pensamento do legislador; porquanto, este não pode prever todas as emergências, nem portanto lhes adaptar os meios, para regular assim todas as hipóteses possíveis de aplicação.

Assim, pois, ainda que este poder não possa ir de encontro a um princípio legal, e nisso esteja sujeito ao Poder Legislativo; contudo, nos detalhes de aplicação em execução das leis, é completamente livre e independente dele.

§ II. Da determinação dos limites da órbita do Poder Administrativo, em suas relações com o Legislativo

82. Demonstrado que o Poder Administrativo deve ser, e é independente do Legislativo, na órbita de ação que lhe é própria, suscita-se a questão de saber onde ela começa, e onde acaba, em referência a este poder.

Do que ficou expendido no parágrafo antecedente, pode-se concluir, dizendo, como o Sr. Conselheiro Ribas, que, em tese, a lei formula sínteses gerais, com caráter de permanência; a administração, porém, desenvolve estas sínteses, aplicando-as aos fatos ocorrentes, de conformidade com as circunstâncias especiais e variáveis do tempo e dos lugares.

83. Mas, diz o mesmo Sr. Conselheiro, na aplicação desta tese, aparecem numerosas dificuldades, que não encontram solução, nem na ciência, nem em nossa legislação.

Todavia, os caracteres da lei são a generalidade e a permanência; por isso ela deve ter por objeto somente o que é geral, estável, duradouro: não assim a administração; porque esta, além de ser divisível por natureza, se modifica constantemente em seu modo de atuar, ora ampliando, ora restringindo, segundo as circunstâncias, a ação que lhe é própria.

Como consequência do caráter de permanência, de que a lei se reveste, deve, no que não conhecer perfeitamente, decretar apenas bases gerais; e no que ignorar absolutamente, deve se abster.

À administração, porém, compete dar a essas bases os desenvolvimentos, de que elas forem suscetíveis; bem como ordenar, por meio de decretos regulamentares, os estudos e ensaios sobre matérias ainda não bem conhecidas.

Tais são as linhas divisórias entre os dois Poderes, Legislativo e Administrativo; mas elas não são universais, nem fixas, nem permanentes, porque as esferas legislativa e administrativa se ampliam ou se restringem, segundo as circunstâncias, ou o grau de confiança recíproca entre os mesmos Poderes.

Assim, pois, na ordem administrativa, à lei pertencem as sínteses, as regras, as bases gerais; à administração, porém, o desenvolvimento regulamentar.

Tal é a doutrina do Sr. Conselheiro Ribas, sobre o ponto em questão.

84. II. Desta exposição resultam as duas seguintes proposições, que devem ser examinadas: 1ª a administração deve preceder, com seus estudos e ensaios sobre matéria nova, na ordem administrativa, a ação do Poder Legislativo; 2ª em consequência, em razão da natureza da sua missão, ela é algumas vezes revestida de atribuições quase legislativas.

85. *A*. Examinando-se a primeira destas duas proposições, parece, à primeira vista, que ela vai de encontro aos princípios constitucionais, que estabelecem a precedência na ordem, em que devem atuar esses dois Poderes; porquanto, tendo o Poder Executivo por missão expedir decretos, regulamentos e instruções para a boa execução das leis, parece contraditório que ele possa preceder ao Legislativo, ordenando esses estudos e ensaios, por meio de seus decretos regulamentares. Mas, notando-se que a Constituição, determinando no art. 102 § 12 esta missão do Poder Executivo, deu-lhe a atribuição de regulamentar a execução das leis, sem distinguir as constitucionais das ordinárias, compreende-se que ela abrange a de umas e de outras.

Conseguintemente, quando mesmo leis ordinárias não tenham sido promulgadas sobre certas matérias da competência do Poder Administrativo, se estas puderem ser encabeçadas em alguma das atribuições expressas no art. 102 citado, ou a elas similares, o Poder Administrativo muito legitimamente será competente para expedir decretos regulamentares, tendo-as por objeto; porque então este poder regulamentará uma disposição de lei constitucional.

Assim, pois, não é antinômico aos princípios da lei fundamental, que este poder, algumas vezes, possa preceder ao Poder Legislativo, decretando regras sobre matérias novas, e ainda não bem conhecidas, desde que, por natureza, elas sejam administrativas.

86. *B.* Em consequência do que fica dito em referência à primeira proposição, torna-se manifesta a verdade contida na segunda; isto é, que a Administração, que é o Poder Administrativo organizado, é, algumas vezes, revestida de atribuições quase legislativas.

Com efeito, desde que, nas mencionadas circunstâncias, este poder é competente para expedir decretos regulamentares, na carência de leis ordinárias, *ex propria autoritate*, baseado unicamente em sua missão constitucional; conclui-se evidentemente que, em tais decretos, ele pode impor preceitos com força obrigatória para os seus agentes, que não podem deixar de cumpri-los e de os fazer cumprir, sem que incorram em crime de responsabilidade.[33]

Ora, sendo assim, e sendo certo que só a lei impõe deveres,[34] os preceitos exarados nesses decretos regulamentares, sendo obrigatórios, ocupam o lugar das leis ordinárias, bebendo, como estas, a sua autoridade na lei fundamental, da qual provêm a obrigatoriedade, que eles consigo trazem.

---

33 Código Criminal, art. 154.

34 Constituição, art. 179, §1.

Conseguintemente, o Poder Administrativo, expedindo tais decretos, exerce, na realidade, funções quase legislativas.

87. Mas, em contraposição, diz o mesmo Sr. Conselheiro Ribas, o Poder Legislativo também exerce algumas vezes funções que, teoricamente, são administrativas; e isto se dá todas às vezes que este poder, descendo das suas sínteses gerais, toma medidas regulamentares para a execução das leis; ou toma conhecimento de relações entre os particulares e o Estado; ou intervém em questões de detalhes de qualquer natureza. Em tais casos, conclui ele, há desclassificações e atribuições, que razões ponderosas explicam e justificam.

88. Com efeito, em face dos princípios teóricos, há certamente desclassificações em tais casos; mas não assim, em face da lei fundamental. Porquanto, sendo certo que, pela Constituição, a esfera da ação legislativa não é limitada, senão nos termos do art. 178, com referência aos limites das atribuições dos Poderes políticos, e direitos políticos e individuais dos cidadãos; tudo o mais é da competência do Poder Legislativo, como ali declara expressamente a mesma lei.

Sendo assim, é evidente que este poder é competente, não somente para dispor em teses, formulando sínteses gerais, como também para descer a minudências regulamentares, sem invadir, com isso, as atribuições legais ou constitucionais do Poder Executivo, em qualquer de seus ramos, porque exerce as que lhe são próprias pela Constituição.

89. III. Não acontece, porém, o mesmo com este poder, e, portanto, com o Administrativo; porquanto, a manifestação ou exercício da ação, que lhe é própria, pressupõe sempre a existência de uma lei, ordinária ou constitucional, que tenha de ser por ele executada.

Assim, pois, a órbita do domínio do Poder Executivo, em qualquer de seus ramos, começa onde para a ação da lei, e acaba onde esta aparece, qualquer que seja a natureza da matéria, desde que não se ache compreendida nas exceções determinadas no art. 178 da Constituição.

90. Com efeito, se o Poder Legislativo pode, em qualquer relação, deixar de se limitar a estabelecer preceitos e bases gerais, descendo também a regular questões de detalhe, sem com isso ultrapassar os limites das suas atribuições; o Poder Administrativo, no desempenho das suas funções de executor das leis, não pode chamar a si os pontos de detalhe, já previstos e regulados, para modificá-los ou alterá-los em seus regulamentos; porque isso importaria a imposição de restrição às atribuições daquele poder, quando elas não conhecem outros limites, quanto à matéria, que não sejam os estabelecidos no art. 178 da Constituição.

Assim, pois, quando o Poder Legislativo, confeccionando a lei, prescreve também medidas de execução, o Poder Executivo, perdendo do terreno que lhe é demarcado pela ciência, e respeitando essas medidas de detalhe, já tomadas por aquele poder, as recebe em seus regulamentos, tais quais são; podendo, porém, tomar outras que, além delas, forem necessárias para a boa execução da mesma lei.

Portanto, é manifesto que a ação do Poder Administrativo, como executor, começa onde para a ação da lei.

91. Mas acaba onde esta aparece, como é fácil de se compreender.

De fato, em dois casos pode a ação regulamentar parar diante da lei. Dá-se o primeiro, quando, achando-se o Poder Executivo exercendo as suas funções em execução de uma lei, outra é de novo promulgada, revogando-a, ou alterando-a substancialmente; porque então desaparece ou modifica-se para este poder a matéria regulamentar. Dá-se o segundo, quando, em execução de um preceito constitucional, ou em razão da missão imposta ao mesmo poder, está ele atuando por meio dos seus decretos, e intervém o Poder Legislativo, legislando sobre a matéria; porque então não mais pode agir o Poder Administrativo, senão de conformidade com os princípios firmados pela nova lei, visto como, de outro modo, iria invadir as atribuições legislativas, como é manifesto.

92. Assim, pois, é uma verdade incontestável que, pela nossa lei fundamental, os limites da órbita de ação do Poder Administrativo são dependentes da extensão, que toma a ação do Poder Legislativo; porquanto, o Administrativo tem por matéria somente o que lhe deixam as leis, como ficou demonstrado em face do art. 178 da Constituição.

Não há, portanto, linha divisória, fixa e permanente, estabelecida por esta lei, entre a órbita de ação do Poder Legislativo e a regulamentar do Poder Executivo, considerados em suas mútuas relações.

93. IV. Do que ficou demonstrado, também é consequência, que o poder, que executa as leis, não pode alterá-las em suas disposições, sob o pretexto de as regulamentar; porque, se o fizer, os seus regulamentos não terão autoridade alguma, por exorbitantes.

Respeitadas, porém, essas disposições em toda a sua integridade, as medidas de execução, devendo se acomodar às circunstâncias, podem, com estas, ser mudadas; pelo que, a matéria das atribuições do poder que executa, não tem, como a da lei, o mesmo caráter de permanência.

Em consequência, durante a existência de uma lei em vigor, muitos regulamentos podem ser expedidos para a sua execução; onde resulta que eles são, por natureza, mais mutáveis do que as leis.

CAPÍTULO III – DAS DISTINÇÕES E RELAÇÕES ENTRE O PODER ADMINISTRATIVO E O JUDICIAL

§ I. Das distinções e relações entre estes dois Poderes

94 I. Anteriormente já se fez sentir que a Constituição do Império, quando tratou da divisão dos Poderes, se afastou da doutrina dos publicistas, que dividem o Poder Público em Legislativo e Executivo somente, e que, portanto, não admitem, como ramos distintos, o Administrativo e o Judicial.

Notando-se, porém, que a execução das leis pode ser muito naturalmente dividida, em razão da diversidade das matérias, compreende-se que o poder, que executa, é igualmente suscetível de divisão.

Assim, pois, a Constituição pode considerar como um ramo independente do Poder Executivo o Poder Judicial, tendo em vista, ou antes, baseando-se na divisibilidade da execução, quanto à matéria.

Este poder, portanto, é, pelo nosso Direito Constitucional, um poder distinto e independente, cuja especial missão consiste em aplicar as leis que regem as relações civis e criminais, como se vê das disposições expressas da Constituição, nos arts. 151 e 152.

95. II. Ora, comparando-se a missão executiva do Poder Administrativo com a do Poder Judicial, vê-se que elas se distinguem uma da outra profundamente, assim em razão da matéria, como da natureza da ação desses Poderes, e modos porque eles atuam.

Em razão da matéria; porque as de execução pelo Poder Judicial são de ordem privada e de ordem criminal; as de execução pelo poder administrativo, porém, são de ordem pública, não criminal, nem política.

Em razão da natureza da ação; porque o Poder Administrativo, na execução, tem imediatamente em vista o interesse geral; o Poder Judicial, porém, o interesse particular.

Em razão dos modos; porque o Poder Administrativo procede por medidas com caráter de generalidade; o Poder Judicial, pelo contrário, se manifesta por decisões especiais, proferidas entre *creditor e debitor.*

Em consequência:

96. I. Os atos administrativos, em regra, são gerais, dispositivos, revogáveis; os judiciais, pelo contrário, individuais, declarativos, irrevogáveis.

II. O Poder Administrativo atua, de ordinário, espontaneamente; o Judicial, porém, sempre provocado.

III. O Poder Administrativo amolda-se às circunstâncias; é flexível na execução das leis: o Poder Judicial, sempre inflexível, decide pelo direito estrito em qualquer circunstância.

Assim, pois, há distinções profundas entre as missões executivas destes dois Poderes, baseadas na própria natureza das relações da competência de cada um deles.

§ II. Da promiscuidade e acumulação de atribuições administrativas e judiciárias

97. I. Da distinção existente entre os dois Poderes, Administrativo e Judicial, quando confrontadas as suas respectivas missões, segue-se, como consequente, que aos representantes de um desses ramos não devem ser atribuídas funções da competência do outro, porque a diferença da ação e do modo de proceder de cada um deles, há de ser forçosamente prejudicial à execução.

98. Entretanto, sustenta o Sr. Conselheiro Ribas que a separação entre estes dois Poderes não deve ser absoluta, porque se

pode lhes dar competência de um a outro, quando as matérias forem conexas, e a atribuição, que tiver de ser transferida, for de pequena importância.

Conquanto esta exceção de promiscuidade de atribuições, diversas quanto à matéria, para serem exercidas por um mesmo funcionário, de uma maneira uniforme, não se oponha, em toda a sua extensão, aos princípios constitucionais, visto como, em virtude deles, o Poder Legislativo tem competência para fazer desclassificações, sem exorbitar das atribuições, que lhe são próprias; todavia, repugna aos princípios científicos que matérias, reconhecidamente administrativas, passem para a competência do Poder Judicial; e *vice-versa*, que matérias da competência deste poder, passem para a do Poder Administrativo porque, sendo diversas por natureza, devem ser tratadas diversamente.

99. II. Não repugna, porém, nem mesmo aos princípios teóricos, que um mesmo funcionário exerça atribuições judiciárias e administrativas; contanto que, exercendo-as, seja obrigado a observar as regras e princípios, que regulam os modos de ação, correspondentes a cada uma delas.

Em tais casos, há acumulação de atribuições distintas em um mesmo agente, e não promiscuidade delas; porquanto, o funcionário que as exerce, devendo guardar as distinções que as separam, considera-se como representante dos dois Poderes ao mesmo tempo, e não de um só, como acontece quando a lei, confundindo as matérias das atribuições, não lhe impõe aquele dever.

100. Mas, conquanto as acumulações de atribuições não encontrem resistência nos princípios teóricos, porque elas não importam o aniquilamento das distinções existentes entre as funções administrativas e as judiciárias; contudo, no exercício, na prática, na aplicação das leis, os funcionários, incumbidos de cargos diversos, podem se olvidar dessas distinções, para preenchê-las de um mesmo modo, e prejudicar assim a execução.

Conseguintemente, as acumulações são mais prejudiciais, do que proveitosas ao serviço público, sempre que um agente do poder é investido de atribuições pertencentes a ordens diversas.

Assim, pois, quando, por necessidade, elas devam ter lugar, devem se compor de cargos pertencentes à mesma ordem, administrativa ou judiciária, porém, não às duas conjuntamente.

TÍTULO III

DA ADMINISTRAÇÃO

CAPÍTULO I – DAS CONDIÇÕES DA ORGANIZAÇÃO ADMINISTRATIVA

Seção I – Das condições essenciais e da centralização em geral

§ I. Das condições essenciais

101. A administração, como temos visto, distingue-se do poder governamental, principalmente porque este atua nas generalidades somente; entretanto que ela aparece em toda parte; cura de todos os interesses, uma vez que se prendam imediatamente ao interesse geral do Estado.

Assim, pois, no exercício das suas funções de executora das leis de interesse geral, a administração abrange a vida inteira da sociedade, porque, colocada entre esta e os indivíduos, é ela quem realiza ou torna exequíveis todos os direitos e deveres recíprocos de uma e de outra parte.

102. Em consequência, da natureza da missão administrativa se deduz que a essência da administração é a atividade, abrangendo não somente o presente, como também o passado e o futuro; porquanto, ela não deve se limitar aos serviços da atualidade exclusivamente, mas deve também se aproveitar das lições dos acontecimentos pretéritos, preparando-se assim para evitar ou remediar os males que possam vir.

103. Assim, pois, a administração, sendo essencialmente ativa, deve estar sempre preparada e pronta para acudir, a todo o momento e em todos os lugares, aos inúmeros serviços que as necessidades sociais reclamem.

104. É, porém, condição essencial da prontidão administrativa a instituição de órgãos consultivos, que, compartilhando a atividade intelectual da administração, se encarreguem dos estudos e da preparação de todos os elementos necessários para o acerto e pronta execução de todos os trabalhos, que ela tenha de realizar sobre planos preconcebidos.

105. Mas, para que a ação administrativa seja de toda a prontidão, não basta que a administração tenha todos os seus instrumentos aparelhados para acudir a qualquer momento, e em todos os lugares, a todos os reclamos das necessidades sociais; é ainda necessário, que ela seja ao mesmo tempo enérgica, para poder arrostar com todos os obstáculos levantados, muitas vezes sobre pretensões infundadas dos administrados, contra a execução do serviço público, ordinariamente urgente.

106. A energia, porém, exige como condição a independência administrativa; porquanto, se a administração não for independente, será impotente em face dos particulares, porque estes poderão provocar contra ela a ação do poder, sob cuja dependência estiver; e assim, suspensa em seu curso, não poderá acudir, com a necessária prontidão, a todas as necessidades que reclamem os seus cuidados.

107. Mas, da independência da administração, que deve ser eficazmente defendida contra as invasões dos outros Poderes, principalmente do Judicial, com o qual está em contato imediato, no exercício das suas funções, nasce o perigo de que, por sua vez, ela também afete os direitos, tanto dos indivíduos como do Estado.

Daqui provém a necessidade de defesa para a sociedade e para os particulares contra os atos lesivos da administração. Ora, esta defesa consiste na responsabilidade dos seus agentes e nos recursos, que a lei faculta aos administrados, quando ofendidos em consequência de atos puramente administrativos.

108. Da prontidão com que a administração deve realizar todos os serviços a seu cargo e acudir a todas as necessidades que lhe cumpre satisfazer, deduz-se rigorosamente que ela deve ter agentes seus, disseminados por todos os pontos do território, encarregados, cada um, de uma classe determinada de serviços.

Estes agentes, da confiança da administração, por ela devem ser nomeados, ficando-lhe sujeitos e responsáveis pelo desempenho dos seus deveres, na execução dos serviços, de que são encarregados, porque devem realizá-los pessoalmente, ou fazê-los executar sob a sua direção.

Em consequência, estes agentes elevem residir nos lugares, em que tiverem de exercer as suas funções, segundo as atribuições que lhes tenham sido conferidas.

109. Assim, pois, a administração, ativa por essência, deve ser pronta e enérgica. Para ser pronta, ela deve ser rodeada de órgãos de consulta, mas independente, e representada por seus agentes, residentes em todos os pontos do território da nação.

Para ser enérgica, e não se deixar suspender em sua carreira, sem, contudo, poder lesar direitos de quem quer que seja, ela deve ser defendida, mas responsável por seus atos, nas pessoas dos seus agentes.

110. Em conclusão:

A prontidão e a energia, a divisão das funções em deliberativas e executivas, a independência e a responsabilidade, a disseminação e a residência dos agentes, a defesa pró e contra a administração, compõem o conjunto indubitável das condições essenciais, que se devem encontrar em toda organização administrativa, visto como, sem elas, a administração não poderá atingir com segurança os fins da sua instituição.

§ II. Da centralização em geral

111. I. Não falta quem sustente que, além das condições que ficam indicadas, a centralização é também indispensável para se conseguir a prontidão e a energia na ação administrativa. Há, porém, outros que entendem de modo diverso; e assim divergem as opiniões sobre este assunto.

Com efeito, alguns, como Cormenin, e, em geral, os escritores franceses, sustentam que, para a administração poder ser benéfica, e realizar com prontidão e energia os serviços a seu cargo, deve ser universalmente centralizada. Outros, porém, com Lefévre, sustentam que, para esse fim, a descentralização completa é mais eficaz.

Os nossos escritores pátrios, como os Srs. Conselheiros Ribas e Furtado, procuram conciliar essas opiniões extremas, e sustentam uma centralização relativa, abrangendo somente os interesses gerais, e os que se lhes prendem imediatamente; deixando os demais descentralizados, e a cargo de autoridades locais independentes.

Examinemos, por nossa vez, esta questão; mas, primeiramente, determinemos os seus termos.

112. II. Vivien, tratando de dar uma noção da centralização, diz que ela consiste na existência de um poder destinado a imprimir a todas as partes de um país uma direção uniforme, a lhes assegurar o gozo das mesmas vantagens, a lhes impor os mesmos encargos.

Para o Sr. Conselheiro Furtado, ela é a convergência de todas as forças necessárias no Poder Executivo, para dirigir os interesses comuns uniformemente. É a unidade no poder, no território, na legislação e no governo, imprimindo às farsas coletivas uma direção única.

Quando, pois, a organização administrativa é uniforme em todo o território nacional, e o poder central dirige todos os negócios de interesse geral, velando sobre eles por si mesmo, e por seus delegados nas localidades, há incontestavelmente centralização.

113. Mas, não obstante, ela difere da concentração; porquanto, esta consiste na intervenção do poder central nos negócios propriamente locais; na comparticipação administrativa, direta e continua, nos menores interesses das províncias e dos municípios.

114. Ora, todos os publicistas concordam sobre os inconvenientes da concentração administrativa, porque ela é evidentemente prejudicial à liberdade dos cidadãos e à boa gestão dos interesses locais.

A divergência, portanto, versa sobre a centralização e a descentralização administrativa.

115. Determinados assim os termos da questão, vejamos qual dos três sistemas, supra indicados, deve ser aplicado a toda organização administrativa, como o mais adequado ou conducente à consecução dos fins da administração.

116. III. Dos três sistemas indicados, o primeiro é o da centralização absoluta, que, por certo, não é o mais próprio para levar a administração à realização dos verdadeiros interesses da sociedade, como é fácil de se compreender.

Com efeito, esta centralização, estabelecendo a uniformidade administrativa em todos os pontos do território, e chamando para o centro a convergência de todas as forças, não somente incorre no erro de aplicar com violência as mesmas regras a todas as partes do país, sem atender as diferenças naturais, que a lei não pode nivelar; como também enerva o povo, que, acostumado então a tudo esperar do poder central, perde a consciência da própria força, e assim se inutiliza para si e para a nação.

Mas não é tudo; além deste funesto resultado, a que deve chegar necessariamente um tal sistema, ele já traz consigo outro defeito, que há de se revelar desde o momento da sua aplicação; o da morosidade.

Com efeito, devendo, com a centralização absoluta, partir do centro todas as medidas concernentes aos serviços administrativos, elas sempre hão de chegar tardias, e assim as necessidades sociais não serão satisfeitas com a devida urgência. A ação administrativa há de ser sempre morosa, e, as mais das vezes, falha em seus resultados; quando, entretanto, cumpre que ela seja sempre pronta e eficaz.

Este sistema, portanto, não se compadece com a atividade, que é da essência da administração, nem com a prontidão com que ela deve ser desenvolvida, de conformidade com as circunstâncias emergentes no momento da ação.

Consequentemente, a centralização absoluta é inadmissível, como condição indispensável de toda a organização administrativa.

117. Não menos inadmissível é o sistema da descentralização completa; porquanto, por ele desaparece o vínculo de unidade, que deve prender uns aos outros todos os interesses de caráter geral, qualquer que seja a porção territorial, em que devam ser promovidos.

Com efeito, com esta descentralização, cada divisão do território nacional, seja província ou município, deve ter suas regras diversas de administração, acomodadas às respectivas localidades, mas isoladas, completamente independentes, sem vínculo algum de unidade, que as uniformize, ao menos quanto à sua organização.

Ora, ficando assim a administração dividida em frações independentes, sem união entre si para a consecução do fim comum da sociedade, torna-se manifesto que ela, fracionada e sem se poder ligar, há de forçosamente perder de vista o interesse geral, porque este não pode ser percebido e realizado, senão por um poder único e uniforme.

Consequentemente, essas frações administrativas, além de correrem o perigo de serem convertidas em instrumentos de potentados egoístas, em razão do seu isolamento e desunião, estão bem longe de cooperar para a segurança, bem-estar e prosperidade da sociedade; pelo contrário, são elementos perturbadores da ordem geral, e causas da fraqueza nacional, porque lhes falta o princípio da força, por não terem de onde lhes venha a unidade na ação.

Assim, pois, o sistema da descentralização completa, como o da centralização absoluta, não pode ser admitido como condição indispensável da organização administrativa, por ser contrário ao princípio de unidade, que deve dominar nos grandes interesses nacionais em todo o território da nação.

118. Examinemos o terceiro sistema, que é o da centralização moderada, ou antes, relativa.

Por este sistema, distinguem-se os interesses locais dos interesses gerais; convindo-se em que estes, e não aqueles, devem ser centralizados; mantendo-se, entretanto, com relação a todos, o vínculo da lei, assim na organização das administrações, como na responsabilidade dos respectivos agentes.

A verdade deste sistema resulta evidentemente da própria natureza e modos da ação administrativa, com[o] é fácil de se compreender.

Com efeito, a administração, atuando sob a direção geral do poder governamental, tem, na aplicação especial das leis, dos decretos e regulamentos, um domínio, que lhe é próprio, como ficou demonstrado, quando se tratou das distinções e relações daquele poder com o administrativo.

Ora, dentro desse domínio, há interesses públicos que importam à nação toda; há outros, porém, mais ou menos importantes, mais ou menos amplos, que ficam, todavia, limitados a uma, ou outra circunscrição territorial, à qual afetam direta e imediatamente.

Daqui resulta que, com referenda à administração, os interesses de ordem pública dividem-se em gerais e locais; e, conseguintemente, também podem ser assim divididos os serviços, que lhe são relativos.

Portanto, podendo os interesses meramente locais ser promovidos na independência dos interesses gerais, os serviços, que lhes são atinentes, podem ser também confiados a autoridades administrativas locais e independentes, mas responsáveis, sem prejuízo da boa ordem na administração. Pelo contrário, não tendo a administração central, como diz o Sr. Conselheiro Ribas, o dom da ubiquidade, da onisciência e onipotência, não lhe é possível satisfazer completamente as necessidades de todas as localidades.

As autoridades locais estão mais no caso de as satisfazer; porque, em contato com elas, conhecem-nas, e têm interesse próprio em que elas sejam satisfeitas.

Assim, pois, os interesses puramente locais podem e devem ser descentralizados, para o melhor desempenho da missão administrativa.

Outro tanto, porém, não acontece com os interesses gerais, que, por afetarem à nação toda, devem ser promovidos pela administração central, sob a direção única do poder governamental, de cujo pensamento ela não pode se afastar na realização dos serviços, que lhe são necessários.

Estes interesses, pois, devem ser centralizados, para que se mantenha a unidade ao pensamento político que os deve dirigir.

Concluímos, portanto, que este sistema, por atender a divisão do trabalho na ordem administrativa; por facilitar a prontidão, com que a administração deve agir; por manter o princípio de unidade, a par da liberdade das administrações locais; é o mais adequado para ser adotado por toda e qualquer sociedade politicamente constituída, para a organização da sua administração, qualquer que seja a extensão do seu território.

Tal é o sistema, do qual se aproxima atualmente a nossa organização administrativa, como vamos ver.

Seção II – Da centralização em nossas instituições

§ I. Da centralização em face da Constituição do Império

119. Desde a nossa emancipação política até ao presente, a administração brasileira tem percorrido os três diversos sistemas, de que temos falado; começando por uma centralização universal, absoluta, com as aparências de moderada; passando por uma descentralização completa, e terminando pela descentralização relativa.

120. Destes três sistemas, o primeiro, que é o da centralização absoluta, foi o adotado na Constituição do Império, como é fácil de se demonstrar.

Com efeito, tendo ela estabelecido, clara e precisamente, a centralização governamental, na declaração da necessidade da manutenção da independência e *harmonia* dos Poderes políticos pelo Poder Moderador,[35] segregou, entretanto, os interesses gerais dos que são locais, centralizando aqueles,[36] e proclamando, quanto a estes, o princípio da descentralização.[37]

Mas, determinando as bases da organização das administrações locais, encarregadas de promover os interesses peculiares

---

35 Constituição, art. 98.

36 Constituição, art. 102.

37 Constituição, art. 71, 72, 81, 167 e 168.

das localidades, circundou de tais condições o exercício do direito de intervenção em tais interesses, que o aniquilou completamente, tirando-lhe toda a eficácia.

E de fato, o direito de intervenção, que a todo o cidadão foi garantido nos negócios peculiares de sua província,[38] devia ser exercido por intermédio das câmaras dos distritos, e dos conselhos gerais de província, como pela mesma Constituição foi declarado no art. 72. Ora, tanto as câmaras, como estes conselhos, foram por ela colocados na dependência dos Poderes Legislativo e Executivo, que podiam julgar da conveniência ou inconveniência das medidas propostas por estas corporações, e assim aprová-las ou não, conforme entendessem.[39]

Destarte, a eficácia do pretendido direito, reconhecido e garantido no art. 71 da mesma Constituição, ficava inteiramente dependente daqueles Poderes; porquanto, sem sua aprovação provisória ou definitiva, os projetos dos conselhos de província, por eles iniciados, envolvendo propostas das câmaras dos distritos, não podiam ser postos em execução.[40]

Sendo assim, é manifesto que o princípio descentralizador dos interesses locais desaparece completamente diante destas limitações, restando no fundo do sistema a mais absoluta centralização. Porquanto, os conselhos de província diretamente, e as câmaras dos distritos indiretamente, eram apenas preparadores de medidas administrativas locais, cuja autoridade dependia da confirmação dos Poderes centrais, por uma lei, ou ao menos por um ato do Poder Executivo.[41]

---

38 Constituição, art. 71.

39 Constituição, art. 84 a 87.

40 Constituição, art. 82 e 84 a 87.

41 Constituição, art. 81, 82, 84 a 87.

Deste modo, não obstante, as disposições dos arts. 71, 165 e 167 da Constituição, a centralização era absoluta, abrangendo todos os interesses, assim gerais como locais.

121. Posto em execução este sistema, demonstrou ele cabalmente e fez compreender, que o direito, garantido no art. 71 da Constituição, era puramente ilusório. Esta revelação, e, mais ainda, a esterilidade de semelhante centralização congregaram os espíritos liberais e patrióticos para reagirem contra semelhante estado de coisas, porque era incompatível com a celeridade administrativa; máxime em um país, como o nosso, onde a população estava, e ainda está, tão disseminada a longas distâncias, que não podem ser percorridas sem inúmeras dificuldades.

Daí surgiu de novo o princípio descentralizador, que, após a luta contra os conservadores do sistema adotado na Constituição, veio tomar corpo no Ato Adicional.

§ II. Da centralização em face do Ato Adicional

122. A reforma operada na Constituição, e constante do Ato Adicional, com referência a centralização administrativa, foi além do que a harmonia dos princípios exigia; porquanto, não se tendo limitado a descentralizar completamente os interesses locais, para converter em realidade e tornar eficaz o direito consagrado no art. 71 da Constituição, afetou também, ainda que de um modo indireto, os interesses gerais, descentralizando-os, em consequência de atribuições, que conferiu às Assembleias Legislativas Provinciais, criadas em substituição dos conselhos gerais.

123. Com efeito, o Ato Adicional tornou independente dos Poderes centrais a administração dos negócios puramente provinciais e municipais, não somente quanto à regulamentação deles, mas também quanto à sua realização. Quanto à regulamentação; porque conferiu àquelas assembleias a atribuição de legislar sobre matérias, que interessam às respectivas províncias e municípios;

e, enquanto elas, no exercício das suas funções, não vão além dos limites indicados no art. 71 da Constituição, traçados e determinados nos arts. 10 e 11 do mesmo Ato, não podem suas leis ser revogadas pela Assembleia Geral Legislativa, nem suspensas pelos Presidentes de província, como se evidencia da combinação dos arts. 13, 15, 16, 19 e 20 do dito Ato. Quanto à realização; porque os Presidentes de província, sancionem, ou não, as leis concernentes a tais matérias, devem lhes dar execução, como se vê das disposições combinadas dos seus arts. 19 e 24, § 4º.

Conseguintemente, as províncias e os municípios foram colocados em descentralização administrativa, em virtude desta reforma.

124. Mas esta descentralização não se limitou, como devia, aos negócios puramente provinciais e municipais; mas foi além, compreendendo igualmente, ainda que de um modo indireto, como dissemos, matérias, que são evidentemente de interesse geral.

Com efeito, o Ato Adicional no art. 10 § 7º conferiu às Assembleias Legislativas Provinciais, entre outras atribuições, a de legislar sobre a criação e supressão de empregos municipais e provinciais, e estabelecimento dos seus ordenados.

Definindo, porém, tais empregos, disse que são todos os que existirem nos municípios e províncias; com exceção dos que dizem respeito à administração, arrecadação e contabilidade da Fazenda Nacional; à administração da guerra e da marinha e dos correios gerais; aos cargos de Presidente de província, bispo, comandante superior da guarda nacional, membros das relações e tribunais superiores; e empregados das faculdades de medicina, cursos jurídicos e academias.

Ora, sendo taxativas estas exceções, entendeu-se, e com razão, que as Assembleias Provinciais podiam legislar sobre todo e qualquer assunto entre elas não contido, ainda que, em princípio, fosse matéria de lei geral, desde que se prendesse a empregos existentes nos municípios ou nas províncias, muito embora tais empregos tivessem sido criados pelo Poder Geral Legislativo.

Em consequência desta definição, desapareceram, neste ponto, todos os limites que separam as atribuições do Poder Legislativo e as das Assembleias Provinciais, quanto à matéria; de modo que, cedendo aquele poder do terreno, que lhe era naturalmente próprio, iam estas assembleias além dos interesses locais.[42]

Assim, pois, com prejuízo da harmonia dos princípios, interesses de ordem geral estavam também descentralizados, segundo a letra do art. 10 § 7 do Ato Adicional.

Posta em prática a reforma, assim como era entendida, deram os fatos em resultado o reconhecimento da necessidade de se fixar, por uma lei de interpretação, a verdadeira inteligência do Ato, que a contêm, e que deve estar em harmonia com os princípios constitucionais, referentes à divisão dos interesses públicos, como objetos de lei, na ordem administrativa.

§ III. Da centralização em face da Lei de 12 de maio de 1840

125. Confrontando-se a disposição do § 7º do art. 10 do Ato Adicional com o todo da mesma Lei e com a Constituição do Império, torna-se manifesto, que a definição de empregados municipais e provinciais, formulada naquele parágrafo, não pode ser tão ampla, quanto as palavras o indicam; porquanto, assim admitida, leva a consequências falsas e absurdas, com prejuízo do princípio dominante e ofensa das disposições constitucionais.

126. Com efeito, o princípio dominante no Ato Adicional, como se vê da disposição do seu art. 1º, é o da centralização relativa, porque, divididos os interesses públicos em gerais e provinciais,[43] com referência somente a estes últimos, ele criou as Assembleias

42 VISCONDE DO URUGUAY. *Ensaio sobre o Direito Administrativo*, Tom. 2, Cap. 39, § 8º.

43 Constituição, art. 83.

Legislativas, com independência dos Poderes centrais, como se evidencia da combinação dos seus arts. 10, 11, 12, 15, 16, 19 e 20.

Ora, com a inteligência literal da disposição do art. 10 § 7º do referido Ato, estas assembleias podem, não somente suprimir os empregos de juízes de Direito, de juízes municipais e de órgãos, de juízes de paz, de promotores públicos, de párocos, de vereadores, de chefes de legiões etc.; como também criar outros empregos em substituição, com as mesmas, ou diferentes atribuições, porque não estão excetuados naquele parágrafo.

127. Mas, deste modo, as Assembleias Provinciais, não somente iriam além do fim principal do Ato Adicional, que é evidentemente fazer efetiva e real a descentralização dos interesses administrativos das províncias e dos municípios; como também teriam de ofender as disposições constitucionais, concernentes à divisão dos interesses públicos, e à determinação das atribuições do Poder Legislativo, como é fácil de se compreender.

Com efeito, as supressões, criações, alterações de atribuições referentes aos empregos de juízes, de promotores, de vereadores, de oficiais da guarda nacional etc., são matérias da competência do Poder Central Legislativo, por interessarem evidentemente à nação toda, e serem, como tais, de interesse geral.[44]

Em consequência, admitir-se que as Assembleias Legislativas Provinciais possam legislar sobre tais matérias, importa o reconhecimento de que elas possam afetar a Constituição, no que diz respeito à divisão dos interesses de ordem pública, e às atribuições do Poder Geral Legislativo; quando, entretanto, é certo que as atribuições daquelas assembleias, em razão do princípio dominante no ato que as criou, não podem ultrapassar os limites dos interesses puramente locais.

---

44 Argum. da Constituição, arts. 151, 179, §§ 18, 167 a 169; 102 § 15; 83 § 1.

128. Era, pois, de necessidade, que a disposição do art. 10 § 7º do Ato Adicional, e outras que lhe são relativas, fossem interpretadas de conformidade com o fim que o legislador teve em vista realizar, e de harmonia com sistema, a que a lei pertence.

Competindo ao Poder Legislativo a atribuição de interpretar o Ato Adicional, naqueles de seus artigos, cuja inteligência ofereça dúvida,[45] e estando nesse caso o de que tratamos, usou o mesmo poder dessa atribuição, fixando, na Lei de 12 de maio de 1840, o verdadeiro pensamento do legislador constituinte, nesse ponto e nos que se lhe prendem.

129. Para obter a verdadeira inteligência da definição contida no art. 10 § 7º, supracitado, tendo por objeto os empregados, que nas províncias e nos municípios exercem as suas funções, a comissão, nomeada pelo Poder Legislativo, os dividiu nas duas seguintes classes:

1ª A dos empregados municipais e provinciais criados por leis, para execução de leis também gerais, relativas a objetos, sobre os quais as Assembleias Legislativas Provinciais não podem legislar;

2ª A dos empregados municipais e provinciais, criados por leis provinciais, e mesmo por leis gerais, mas relativas a objetos, sobre os quais as mesmas assembleias podem legislar.

130. Na primeira classe, estão os juízes de Direito, os juízes municipais e de órgãos, os juízes de paz, os promotores públicos, os tabeliães e os escrivães, os párocos, os vereadores, os chefes de legiões e os demais oficiais da guarda nacional. Na segunda, estão os empregados da instrução pública, primária e secundária; da administração das obras provinciais e municipais; da arrecadação e fiscalização das rendas das províncias e dos municípios; da

45 Ato Adicional, art. 25.

administração das casas de prisão, trabalho e correção, e bem assim de todos os serviços administrativos de caráter puramente local.

131. Feita esta classificação, deu a comissão a sua inteligência à disposição do citado art. 10 § 7. do Ato Adicional, opinando que, com relação aos empregados da primeira classe, a faculdade, ali conferida às Assembleias Legislativas Provinciais, é unicamente a de os criar ou suprimir, quanto ao número, que elas podem aumentar ou diminuir, sem, entretanto, poderem afetar suas atribuições.

Porquanto, o que é dado a essas assembleias, no art. 10 § 1. do mesmo Ato, é o poder de legislar sobre a divisão civil, judiciária e eclesiástica das províncias; podendo destarte aumentar ou diminuir o número dos respectivos empregados, mas nunca alterar as atribuições inerentes a seus cargos, porque isso importaria ofensa à unidade, harmonia e uniformidade da legislação geral em todo o Império.

132. De conformidade com esta inteligência, a Lei de 12 de maio de 1840, interpretando a supradita disposição, declarou em seu art. 2º que: a faculdade de criar e suprimir empregos provinciais e municipais, concedida às Assembleias Legislativas Providenciais pelo § 7 do art. 10 do Ato Adicional, somente diz respeito ao número dos mesmos empregos, sem alteração de sua natureza e atribuições, quando forem estabelecidos por leis gerais, relativas a objetos, sobre os quais não podem legislar as referidas assembleias.

133. A mesma lei colocou em harmonia com esta inteligência a disposição do § 11 do art. 10 do Ato mencionado, limitando-a aos empregados da segunda classe supra referida; ficando assim os da primeira fora da competência dessas assembleias, quanto à determinação dos casos e da forma, porque os Presidentes de província podem nomear, suspender e mesmo demitir os empregados provinciais.[46]

---

46 Lei n. 105 de 12 de maio de 1840, art. 3º.

134. Ainda, para o fim de harmonizar a disposição do cit. art. 10 § 7. com as demais, que lhe são relativas, do mesmo Ato, a Lei de 12 de maio de 1840, limitou, em seu art. 2, a latitude da palavra "polícia" que se acha no § 4 do referido art. 10; declarando que por ela se entende – a polícia municipal e administrativa somente, e não a judiciária.

Porquanto, esta, constituindo objeto de uma parte importantíssima da legislação do processo criminal, e devendo por isso ser uniforme em todo o Império, pertence evidentemente à competência exclusiva do Poder Geral Legislativo.

135. Do exposto manifesta-se, que, pelo Ato Adicional, devidamente interpretado, as administrações provinciais tornaram-se independentes da geral; porquanto, as respectivas assembleias exercem poder próprio nas atribuições, que lhe são conferidas nos arts. 10 e 11, sobre interesses puramente provinciais, como se vê das limitações impostas pelos arts. 12 e 20 do mesmo Ato, e 1º, 2º, e 3º da citada Lei de 12 de maio de 1840, que o interpretou.

Sendo livres e independentes essas administrações, em referência à administração geral, cuja órbita de atribuições elas não podem invadir, porque a sua missão limita-se aos negócios da província; segue-se que o sistema administrativo, que vigora em nossas instituições atuais, é o da centralização relativa ou moderada, consistente na centralização dos interesses gerais, e descentralização dos locais.

CAPÍTULO II – DAS DIFERENTES FASES DE MANIFESTAÇÃO DA ATIVIDADE ADMINISTRATIVA, E CONSEQUENTE DIVISÃO DAS FUNÇÕES DA ADMINISTRAÇÃO

§ I. Das fases de manifestação da atividade administrativa

136. Conhecidas as condições do desenvolvimento da atividade administrativa, cumpre indagar sob quantas fases gerais ela se manifesta, para o fim de se poder determinar a divisão das funções da administração, quanto ao seu objeto.

Como a administração exerce a sua atividade, não somente para realizar os serviços atuais, como também para prevenir, ou evitar os males que possam vir, para o que deve estar preparada; é do seu dever cogitar, antes de pôr-se em prática, sobre os meios a empregar para conseguir a mais fácil e pronta execução dos trabalhos a seu cargo, assim no presente como no futuro.

Em consequência, é dever da administração pensar e discutir sobre esses meios, antes de se colocar em ação.

Assim, pois, o pensamento, a discussão e a execução são as fases gerais, sob as quais se manifesta a atividade administrativa.

§ II. Da divisão das funções administrativas

137. O pensamento e a discussão podem ser separados da ação executiva; nascendo daí duas ordens de funções: funções deliberativas ou consultivas; funções ativas ou executivas.

As primeiras são exercidas por conselhos ou órgãos de consulta, cujo complexo constitui a administração consultiva: seu fim único é ilustrar com seus pareceres as autoridades encarregadas da execução dos serviços administrativos. As últimas são exercidas por estas autoridades, de cujo complexo se constitui a administração ativa ou executiva: seu fim é realizar todos os serviços, que o interesse social exige, assim na ordem material, como na intelectual e moral.

138. Dividida assim a administração em dois ramos, em razão da deliberação e da execução, vê-se que as funções da administração consultiva não são espontâneas, mas sim provocadas pela administração ativa, sempre que esta necessita de seus pareceres. As funções ativas ou executivas, pelo contrário, em regra são espontâneas; porquanto, a administração ativa, só por exceção, é provocada, quando, no exercício das suas atribuições, ela tem ofendido um direito, ou interesse, que dê lugar à reclamação por parte de administrados.

139. Em tais casos, esta administração deixa de ser espontânea, convertendo-se em jurisdicional; porquanto, proferindo uma decisão sobre efeitos de um ato administrativo em relação a um direito ou interesse de administrados, ela atua com império, exerce um ato de jurisdição.

Em consequência, as funções ativas ou executivas, apresentando-se sob estas duas faces, dividem-se naturalmente em espontâneas e jurisdicionais.

140. As funções jurisdicionais, porém, podem ser provocadas em razão da ofensa de um direito, ou de um interesse: se de um direito, são contenciosas; se de um interesse, são graciosas.

Porquanto, tratando-se de um simples interesse de administrados, a administração é discricionária; pode atender, ou não, à reclamação: tratando-se, porém, de um direito, ela é adstrita à lei, ao regulamento, ao contrato, de onde ele emane. Por isso, aqui, a decisão contrária ao administrado lhe dá lugar ao recurso, à contenda: ali, não; porque, o que ele pede é uma graça, e esta pode lhe ser negada.

141. Resumindo, temos que a administração, ativa por essência, se revela na DELIBERAÇÃO e na AÇÃO: donde a primeira divisão das suas funções em *deliberativas* ou *consultivas*, e *ativas*

ou *executivas*. Destas, as primeiras são sempre provocadas; as últimas, em regra, são espontâneas, e, quando provocadas, são jurisdicionais: donde a segunda divisão das mesmas funções em *espontâneas* e *jurisdicionais*.

Estas podem versar sobre um direito, ou um interesse: daí a subdivisão em *contenciosas* e *graciosas*.

Assim, pois, cada fase da manifestação da atividade administrativa indica uma função especial; donde se segue que a administração tem tantas funções, quantas são as fases, sob as quais ela pode manifestar a sua atividade.

142. Da distinção entre as funções *deliberativas* e *executivas*, atenta a sua natureza, objeto e fim, resulta que cada classe devia ser confiada a funcionários distintos; porquanto, de um lado, a administração ativa ou executiva deve ser pronta na ação, e, portanto, deve estar sempre preparada; de outro lado, a deliberação é, por natureza, incompatível com a prontidão.

Assim, pois, agentes que deliberam e agentes que executam não podem ser os mesmos: a deliberação pode ser de muitos; mas a execução deve ser sempre de um só.

É este o princípio regulador da distribuição das funções administrativas.

143. Entretanto, em nossa organização administrativa, este princípio não tem sido observado rigorosamente; porquanto, corpos deliberativos, como as câmaras municipais, como os conselhos, quando convertidos em tribunais, exercem entre nós funções ativas.

A razão com que se pode justificar a acumulação das funções ativas conferidas a esses corpos deliberativos, é que aquele princípio regulador não é tão absoluto, que domine as funções jurisdicionais contenciosas, nem tão inflexível, que não possa ser amoldado à prática com referência à outras funções, como teremos ocasião de demonstrar.

CAPÍTULO III – DA DIVISÃO DAS FUNÇÕES ADMINISTRATIVA, EM REFERÊNCIA AO FIM FINAL DA ADMINISTRAÇÃO

§ I. Das funções diretas e auxiliares

144. Conhecidas as funções administrativas e divididas em relação ao seu objeto e modos porque são exercidas, cumpre que consideremo-las sob outro aspecto; examinando a maneira porque elas se encaminham para a realização do fim final da administração.

Como é sabido, a administração tem por fim – *promover o interesse geral da sociedade, traduzido no bem-estar e no desenvolvimento de todos, e de cada um, que esteja sob a proteção de suas leis.*

Ora, para a consecução deste fim, a administração desenvolve toda a sua atividade; mas a lei, organizando para isso diferentes funções administrativas, coloca no respectivo mecanismo, não somente as peças essenciais, de que depende, direta e imediatamente, o movimento geral da administração; como também outras, que são simplesmente auxiliares das primeiras, e que por isso concorrem apenas indiretamente para aquele movimento, como diz o Sr. Conselheiro Ribas.

Daí vem que as funções, correspondentes às primeiras, são denominadas *diretas* ou *essenciais;* aquelas, porém, que correspondem às últimas, teriam a denominação de *indiretas* ou *auxiliares.*

§ II. Dos agentes diretos e auxiliares

145. A estas duas categorias de funções correspondem duas ordens de agentes administrativos: agentes *diretos* e agentes *auxiliares.*

Os primeiros, estando em contato com o chefe administrativo, e sendo encarregados do exercício de funções ligadas à própria substância da administração, devem exercer também natural supremacia sobre os agentes, que os auxiliam, pois que estes devem agir sob sua ordem e direção geral.

146. Daqui resulta outra classificação de agentes administrativos em *superiores* e *inferiores*.

Os da primeira ordem são sempre superiores aos da segunda, em razão da natureza das suas funções; mas entre estes há também uns que são superiores a outros, pois que os têm a si subordinados.

147. Os agentes diretos ordenam a execução das leis; dentre os auxiliares há uns que preparam, e outros que promovem essa execução.

Daqui vem que estes últimos se subdividem em *internos* e *externos*: são agentes internos, aqueles que preparam os trabalhos no interior das repartições; são externos, aqueles que os realizam em contato com o público.

§ III. Da necessidade, nomeação e amovibilidade dos agentes administrativos

148. I. Conquanto estes agentes estejam encarregados de funções auxiliares, que, como dissemos, concorrem, não direta, mas indiretamente, para a realização do fim final da administração, e por isso possam ser organizados *ad libitum*, segundo as conveniências dos serviços administrativos; todavia, em tese, a existência de tais agentes é de necessidade para a administração, porque, sem eles, ser-lhe-ia impossível realizar com eficácia e prontidão, em todos os pontos do território, a ação que lhe é própria.

149. II. Sendo assim, estes agentes devem ser nomeados, conservados ou demitidos pelo chefe da administração, que auxiliam; porque, devendo ser efetuados sob a sua responsabilidade moral todos os serviços atinentes à administração, que dirige, a

ele deve competir naturalmente a escolha dos seus auxiliares, para os conservar enquanto bem servirem.

150. III. A amovibilidade, portanto, é própria destes agentes; porquanto, sendo eles da confiança do chefe, que os nomeou, para o auxiliarem no desempenho das suas funções, e sob a sua responsabilidade, direta ou indireta; eis que o chefe não seja o mesmo, ou que outros respondam por seus atos, os auxiliares administrativos, por ele nomeados, não podem esperar ser conservados, porque é possível que não mereçam *a* confiança do novo chefe, ou dos agentes diretos, que por eles se responsabilizam.

151. Esta regra da amovibilidade, porém, não é tão absoluta, que abranja a todos os agentes administrativos; porquanto, para o exercício de certas funções, é de necessidade que os funcionários tenham habilitações especiais; e como estas, de ordinário, são raras e custosas, é forçoso que a lei declare vitalícios os respectivos empregados para garantia daqueles que, para os obterem quiserem trabalhar para adquirir essas habilitações.

§ IV. Da deficiência de agentes diretos locais, e da possibilidade e necessidade de sua criação

152. I. Observam com razão os nossos escritores pátrios, que a nossa organização administrativa é deficiente, por falta de agentes diretos nas localidades, para servirem de transmissores à impulsão dada pelo centro administrativo, geral ou provincial.

Com efeito, o chefe da administração geral tem, nas províncias, apenas os respectivos Presidentes, como seus delegados; mas nos municípios, nem ele, nem estes Presidentes, como chefes das administrações provinciais, tem representantes seus. Entretanto, nessas pequenas circunscrições administrativas, também há interesses gerais e provinciais, que estão ao cargo de cada uma daquelas administrações.

Para se desempenharem dos serviços concernentes a esses interesses, as administrações, geral e provincial, encarregam autoridades policiais e judiciárias, e até simples particulares, do exercício de funções administrativas, por falta de agentes nos municípios.

153. II. Esse defeito, porém, pode ser sanado, de conformidade com os princípios constitucionais; porquanto, o legislador constituinte, reconhecendo que a organização administrativa é, por natureza, minuciosa e móbil, limitou-se a estabelecer suas bases gerais; deixando, porém, às legislaturas ordinárias o encaro-o de levantar sobre elas o organismo administrativo, com a faculdade de modificá-lo, à medida que as necessidades do serviço público assim o exigirem, como se deduz dos arts. 102, 166 e 169 da Constituição.

Conseguintemente, agentes diretos podem ser criados, com atribuições tiradas aos Presidentes de província, pelo Poder Legislativo; firmando-se para isso nas atribuições que lhe confere a mesma Constituição, nos arts. 15 § 16, e 166, segundo os quais, ele pode não somente determinar as atribuições daqueles Presidentes e estabelecer tudo quanto convier à administração geral nas províncias, como também criar e suprimir empregos públicos para esse fim.

154. Do mesmo modo que o Poder Legislativo pode criar agentes diretos nas localidades, encarregados de serviços pertencentes à administração geral; assim também as Assembleias Legislativas Provinciais podem criar esses agentes para as administrações provinciais, cujos chefes são os Presidentes das respectivas províncias, como primeiros executores das leis, que emanam dessas assembleias.

Com efeito, o Ato Adicional, no art. 10 § 7º interpretado pela Lei de 12 de maio de 1840, arts. 2º e 3º, lhes dá competência para criarem e suprimirem empregos públicos provinciais e municipais, determinando-lhes suas atribuições. Conseguintemente, podem criar os lugares de agentes diretos da administração dos interesses provinciais, que tiverem de ser promovidos nas diferentes circunscrições territoriais, em que se divide cada uma das províncias.

Uma vez criados tais lugares, não pode o Poder Geral Legislativo revogar as leis provinciais, que os tiverem estabelecido; porquanto, esta matéria não é das excetuadas no art. 20 do mesmo Ato Adicional.

155. III. Podendo ser assim mui[to] legalmente sanado o defeito da nossa organização administrativa, quanto à falta de agentes diretos locais; cumpre que as assembleias competentes remedeiem semelhante falta, em prol do bom andamento dos serviços administrativos, e da efetividade da divisão dos Poderes, para que cada um destes exerça unicamente as funções, que lhe são próprias; cessando desse modo os inconvenientes das comissões de atribuições administrativas a autoridades estranhas a esta ordem de interesse público.

CAPÍTULO IV – DA DISTRIBUIÇÃO DAS FUNÇÕES ADMINISTRATIVAS, E DA SUBORDINAÇÃO HIERÁRQUICA DOS SEUS AGENTES

§ I. Da distribuição das funções administrativas

156. As funções da administração, quando consideradas em seu conjunto, lhe são todas necessárias, porque todas concorrem para a consecução do bem-estar e do desenvolvimento progressivo da sociedade, e dos membros de que ela se compõe.

Sendo assim, é incontestável que ela deve estar na possibilidade de as exercer todas e cada uma, em todo o tempo e lugar, conforme as exigências do interesse público. Ora, para isso, é necessário que essas diferentes funções administrativas estejam harmonicamente combinadas entre si ao redor de cada centro, assim geral como parcial, de modo que elas se achem todas ao lado umas das outras, para não faltarem à administração.

157. Mas, do mesmo modo que estas funções devem se prender umas às outras harmonicamente, concorrendo todas para a

realização do fim final da administração; assim também os agentes administrativos, tanto diretos como auxiliares, pelos quais elas são distribuídas, devem estar ligados uns aos outros pelo vínculo da subordinação, e todos ao chefe central, de tal modo que deste possa irradiar-se a ação administrativa, através dos centros parciais, por todos os pontos do território.

Assim, pois, a administração exige, para o desempenho da sua missão, que a mesma combinação harmônica, que deve unificar as suas funções, unifique igualmente os agentes, pelos quais devem ser exercidas.

§ II. Da subordinação hierárquica dos agentes administrativos

158. A distribuição harmônica das funções administrativas por agentes diretos e auxiliares, sistematicamente subordinados uns aos outros, e todos ao chefe do Estado, constitui a substância da hierárquica administrativa.

Em consequência, ela pode ser definida assim: *a hierarquia administrativa é a organização das funções da administração, harmonicamente distribuídas por seus agentes, tanto diretos como auxiliares, disseminados pelas circunscrições territoriais, subordinados uns aos outros gradualmente, e todos à um chefe supremo.*

159. Esta organização hierárquica dos agentes administrativos, baseada no princípio da unidade, que é condição essencial à administração, como em outro lugar foi demonstrado, lhe é absolutamente necessária, pois que, sem ela, é impossível a centralização dos interesses nacionais.

Com efeito, havendo nas localidades, províncias ou municípios, matérias de interesse geral do Estado; devendo por isso a administração central ter ali agentes seus, diretos e auxiliares, encarregados da realização dos serviços, que lhe são atinentes; é incontestável que esses agentes devem ser subordinados aos superiores imediatos, e estes a outros gradualmente, até ao chefe central; porquanto, sem essa subordinação e dependência, não é possível a execução das ordens, que partem do centro para as localidades, mantendo-se a unidade de vista e de pensamento naquele interesse.

160. Por conseguinte, a organização administrativa, para ser perfeita, necessita não somente de que as funções da administração sejam distribuídas harmonicamente pelos diferentes agentes; como também de que estes estejam subordinados hierarquicamente uns aos outros, em prol da unidade que deve se revelar pela centralização.

Antepostos estes princípios, vejamos se foram eles aplicados à nossa administração.

TERCEIRA PARTE

DA ADMINISTRAÇÃO BRASILEIRA

161. Os interesses gerais da nação estão personificados no Estado, em cujo nome, e como representantes seus, os agentes administrativos desempenham as suas funções, na realização dos serviços públicos, necessários para promovê-los, e para satisfazer as necessidades coletivas dos administrados, em geral.

162. Mas, na ordem dos interesses sociais, cuja promoção está a cargo da administração, distinguem-se naturalmente diferentes graus, desde a família até à nação; porquanto, em razão de várias circunstâncias e força de diversas causas, as famílias formam diferentes agrupamentos, e estes, por sua vez, formam outros mais extensos, com interesses comuns entre si, sem que, entretanto, afetem a sociedade toda.

Em consequência, além do interesse geral em satisfazer as necessidades comuns a todos os membros da nação, a administração tem outros interesses de ordem pública, cada vez menos amplos, até chegar à sociedade familiar, que é inteiramente privada.

163. É, pois, sobre este fundamento natural que a administração se divide em geral e local; podendo esta ser ainda subdividida, se assim o exigir o melhor desempenho do serviço público.

164. Segundo as nossas instituições, a administração é tripartida, em razão da extensão dos interesses de ordem pública a seu cargo; porquanto, temos a administração central, encarregada de promover os interesses gerais da nação, e de satisfazer as necessidades comuns a todos que se acham nela, tendo para esse fim, em cada província, um agente direto no respectivo Presidente; temos

a administração provincial, exercida pelas Assembleias Legislativas Provinciais, quanto à ordem, e pelos Presidentes de província, quanto à execução; temos, finalmente, a administração municipal, exercida pelas câmaras das cidades e vilas.

Para que, pois, a nossa administração possa ser conhecida em sua organização, na distribuição das suas funções, e na subordinação hierárquica dos seus agentes, deve ser estudada em sua tríplice divisão.

Portanto, dividiremos esta parte em três títulos, correspondendo cada um a cada uma dessas administrações, denominadas: geral, provincial e municipal.

TÍTULO I

DA ADMINISTRAÇÃO GERAL

CAPÍTULO I – DO IMPERADOR

Seção I – Da natureza das suas funções, e das formas dos seus atos na ordem administrativa

§ I. Das suas funções na ordem administrativa

165. O Imperador, como chefe do Poder Executivo, o é também do Administrativo, exercendo-o igualmente por seus ministros;[47] e, como tal, ele é o primeiro agente da administração, e chefe da hierarquia administrativa.

166. Nesta qualidade de chefe supremo, ele exerce funções atinentes não somente ao pessoal da administração, como também aos serviços públicos de sua competência.

---

47 Constituição, art. 102.

I. Com efeito, quanto ao pessoal, o Imperador nomeia e demite funcionários administrativos, tais como os ministros de Estado, os Presidentes de província, os comandantes das forças de terra e mar, além de outros funcionários e empregados da mesma ordem e inferior categoria.[48] É ele quem os remunera ou recompensa por serviços prestados ao Estado, concedendo-lhes títulos, honras, distinções e mercês.[49]

II. Quanto aos serviços da competência administrativa, é o Imperador quem, por intermédio dos ministros, expede decretos, regulamentos e instruções para a boa execução das leis; quem decreta a aplicação dos fundos votados pela Assembleia Geral Legislativa aos diversos ramos da pública administração; quem ordena a execução de obras públicas e declara de utilidade pública as empresas, que são tais, concedendo-lhes privilégios.[50]

Enfim, é ainda ele quem decide por decreto imperial as mais altas questões de ordem administrativa, suscitadas entre a administração e seus agentes, ou entre ela e os administrados.[51]

167. Assim, pois, o Imperador, em sua qualidade de chefe do Poder Administrativo, exerce, por intermédio dos seus ministros, a plenitude das funções administrativas, tanto deliberativas como executivas, tanto espontâneas como jurisdicionais, tanto graciosas como contenciosas; porquanto, no exercício de qualquer delas, ele pode proceder, sem dependência de órgãos consultivos, como se vê manifestamente das disposições da Lei de 23 de novembro de 1841, art. 79 e do respectivo regulamento de 5 de fevereiro de 1842, arts. 46 e 47.

---

48 Constituição, art. 101, § 6; 165; 102 §§ 4 e 5.

49 Constituição, art. 102, § 11.

50 Constituição, art. 102 §§ 12 e 13; Lei de 12 de julho de 1845, art. 11; Lei de 10 de julho de 1855.

51 Regulamento n. 124 de fevereiro de 1842, arts. 5 e 46.

§ II. Das formas dos atos administrativos, exercidos pelo chefe do Estado

168. Como chefe do Poder Executivo, e, portanto, do Administrativo, o Imperador atua por meio de decretos, regulamentos, instruções, resoluções, cartas imperiais, proclamações e manifestos.

169. Ora, à parte os manifestos, que são formas de atos puramente políticos, as demais o podem ser de atos administrativos.

Com efeito, os decretos baixam, ou para trazer regulamentos para a boa execução das leis; ou para determinar a aplicação das rendas públicas; ou para ordenar a realização de obras, trabalhos e serviços administrativos; ou para conceder privilégios a empresas de utilidade pública; ou para outro qualquer fim, que afete ao interesse geral.

As instruções esclarecem as disposições dos decretos e regulamentos; prevenindo assim as dúvidas, que possam ser suscitadas por ocasião de sua aplicação.

As resoluções, pelo contrário, pressupõem dúvidas já levantadas na prática de atos administrativos anteriores, e que, por meio delas, devem ser removidas; por isso são tomadas sobre consultas dos conselhos, correspondentes à classe de serviços, sobre cuja matéria elas têm de versar.

As cartas imperiais são passadas para servirem de títulos, ou de funcionários e empregados, nomeados pelo Imperador; ou de certas graças, por ele concedidas.

As proclamações, falas dirigidas à nação toda, ou a uma parte dela, aparecem por ocasião de algum sucesso importante.

Os manifestos, porém, como exposições das causas justificativas da declaração de guerra internacional, não se referem à própria nação, mas são dirigidos às potências neutras.

Conseguintemente, compreendidos assim os objetos de cada um dos diferentes atos, emanados do chefe do Estado, e revestidos das supraditas formas, torna-se evidente que, com exceção da última, que é própria de atos internacionais, todas as outras são adaptáveis aos administrativos, por ele praticados.

Seção II – Dos meios de defesa contra os atos administrativos imperiais

§ I. Dos recursos

170. Indicadas as formas dos atos administrativos, praticados pelo Imperador, como chefe supremo da administração, suscita-se a questão de saber – se, contra tais atos, deve haver, e se há realmente meios de defesa, em prol dos direitos e dos interesses dos administrados.

Com efeito, em duas relações, pode o administrado ser ofendido por um ato administrativo, pois que este pode feri-lo em um direito ou em um interesse.

Ora, o Imperador, exercendo funções administrativas, pode, com seus atos, violar um direito garantido ao cidadão por uma lei, por um regulamento, ou por um contrato.

Em tais casos, porém, é de princípio, que deve haver recurso para os tribunais administrativos; porquanto, dada a lesão de um direito por um ato, quando são ambos de ordem administrativa, surge a matéria para o respectivo contencioso.

Em consequência, tratando-se de um direito desta ordem, o recurso facultativo é de existência necessária, quando mesmo o ato administrativo tenha sido praticado pelo Imperador.

171. Este princípio está consagrado em nosso Direito Positivo, como é fácil de se demonstrar.

Com efeito, os atos administrativos, bem como os governamentais, que partem do Imperador, são referendados pelos ministros de Estado, que assumem por eles a responsabilidade, sem a qual não podem ter execução.[52]

Sendo assim, tais atos são considerados como próprios dos ministros referendários; salvando-se destarte a inviolabilidade do Imperador, que não está sujeito a responsabilidade alguma.[53]

Conseguintemente pode-se deles recorrer, como de decisões ministeriais, para o Conselho de Estado, como é expresso no art. 46 do Regulamento de 5 de fevereiro de 1842.

172. O Imperador, porém, é quem decide esses recursos, por decreto, ouvindo ou deixando de ouvir o Conselho de Estado, ou suas seções; de sorte que, em última análise, é ele próprio quem afinal, como juiz supremo da administração, conhece da justiça ou injustiça dos seus atos (cit. reg. art. 46).

§ II. Das reclamações

173. Quando, em vez de um direito de ordem administrativa, é um simples interesse do administrado, que tem sido ofendido por um ato de administração, praticado pelo Imperador, ele não tem mais o recurso como defesa; mas pode reclamar contra o ato, que o ofendeu, pedindo sua reforma ou modificação.

Com efeito, a Constituição, no art. 179 § 30, garante a todo o cidadão o direito de apresentar ao Poder Legislativo, e, ao Executivo, reclamações, queixas e petições.

Ora, o Imperador é chefe do Poder Executivo, e, portanto, do Administrativo. Conseguintemente, quando o administrado

---

52 Constituição, art. 132.

53 Constituição, art. 99.

for ofendido, em seu interesse, por um ato de administração, que tenha partido dele, pode muito constitucionalmente lhe dirigir a sua reclamação, em prol do seu interesse, pedindo que lhe seja reparada a ofensa, que lhe foi feita.

174. Assim, pois, o recurso e a reclamação, segundo os casos, são os meios de defesa contra os atos administrativos, praticados pelo Imperador, como chefe supremo da administração.

CAPÍTULO II – DOS MINISTROS DE ESTADO

§ I. Do caráter dos ministros de Estado

175. Depois do Imperador, centro da convergência e da irradiação da hierarquia administrativa, seguem a igual distância os ministros de Estado, por cujo intermédio exerce o chefe supremo as funções executivas, como expressamente o declara a Constituição do Império, no art. 102.

176. Os ministros, porém, não são, única e simplesmente, agentes do Imperador, no exercício do Poder Executivo; mas são também representantes do próprio poder, visto como os atos, que emanam dele, não são exequíveis, sem a referenda ministerial, como é expresso no art. 132 da mesma Constituição.

Em consequência, em sua qualidade de representantes deste poder, os ministros de Estado têm atribuições próprias, não somente administrativas, mas também governamentais, visto como umas e outras lhes são conferidas.

§ II. Do modo por que os ministros exercem as suas funções governamentais e de alta administração

177. É de princípio que os atos de governo sejam praticados por governantes; e os de administração, por administradores.

O governo, porém, *unia* em essência, representando a soberania nacional, a unidade da nação, tanto em suas relações internas, como nas externas ou internacionais, não pode, por sua vez, ser representado por um ou por outro ministro isoladamente; porém, sim, pelo Poder Executivo, tal como se acha constitucionalmente organizado.

Ora, segundo o art. 102 da Constituição, este poder tem por órgãos o Imperador, que é o primeiro representante da nação, e os ministros de Estado, por cujo intermédio ele atua.

Conseguintemente, o governo só está legitimamente representado, quando os órgãos do Poder Executivo funcionam em unidade.

178. Mas esta unidade somente se realiza, quando os ministros deliberam e resolvem em conselho, presidido pelo Imperador, ou por ele confirmado nas resoluções tomadas, porque só então é que se acha o governo em toda a sua integridade.

É, portanto, por este conselho, e não pelos ministros isoladamente, que as funções governamentais devem ser exercidas, a fim de que, nos atos do governo, transpareça a unidade, que lhe é essencial.

Assim, pois, somente em conselho, os ministros podem exercer estas funções.

§ III. Das matérias sujeitas à deliberação do conselho de ministros

179. Do que ficou exposto no parágrafo antecedente, não se deve concluir que os assuntos que devem ser tratados no conselho de ministros são exclusivamente os governamentais; porquanto, não repugna que eles ali discutam e deliberem também sobre negócios de alta administração; nem tão pouco que deem seus pareceres sobre qualquer matéria administrativa da competência exclusiva de algum ministro, que deseje ouvi-los a respeito.

Assim, pois, além dos negócios políticos e dos denominados de alta administração, como as propostas de leis e de regulamentos; as questões de polícia geral, e de segurança interna e externa do Estado; bem como as de nomeações de altos funcionários; dos quais, uns, por natureza, e outros, por sua importância, são reservados ao conselho de ministros; sobre outros assuntos, meramente administrativos, pode o mesmo conselho exercer igualmente as suas funções.

180. Em consequência, os ministros, em conselho, exercem, além das funções governamentais, outras administrativas, assim consultivas, como ativas, em referência a cada uma das repartições ministeriais; porquanto, não somente cada ministro pode pedir a opinião do conselho sobre matéria, não reservada à deliberação comum, como também o Imperador pode ordenar que ele delibere sobre outro qualquer assunto; além de que é da sua competência inspecionar os atos de todos e de cada um dos ministérios.

CAPÍTULO III – DAS ATRIBUIÇÕES GERAIS, EXERCIDAS SINGULARMENTE PELOS MINISTROS DE ESTADO

181. Após indicadas as funções administrativas, que os ministros exercem em conselho, devemos mencionar as atribuições gerais, que eles podem exercer singularmente fora dele.

182. I. Conquanto os serviços administrativos, vários e numerosos, estejam distribuídos por classes, pelas diferentes repartições ministeriais; todavia, achando-se eles disseminados por toda a nação, não podem ser realizados diretamente pelos respectivos ministros.

Em consequência, além do pessoal das suas secretarias, cada um deles necessita de outros auxiliares em diferentes pontos do território nacional, para executarem, sob a sua direção, os serviços que lhe competem.

Sendo assim, é evidente que estes agentes estão subordinados ao respectivo ministro; o qual exerce sobre eles ação direta, não somente nas ordens que lhes dá, como também na direção e inspeção dos serviços, de que são encarregados.

Portanto, os ministros dirigem a ação dos seus agentes, dando-lhes ordens e instruções; reformam e corrigem seus atos, sanando as omissões; reparam suas injustiças, ouvindo e atendendo as reclamações, que lhes são feitas.

183. II. Do mesmo modo que os ministros atuam administrativamente, em relação aos seus agentes auxiliares, assim também agem em referência aos simples cidadãos; contratando com eles, impondo-lhes obrigações em virtude da lei, ou vindo-os, e decidindo sobre suas reclamações.[54]

184. Assim [illegible] ministros, como agentes diretos da administração [illegible]s ativas, espontâneas e jurisdicionais, assim [illegible]enciosas; porquanto, não somente dirigem [illegible]dministrativos de suas repartições, inicia[illegible]as necessárias para a execução; como ta[illegible]e todas as reclamações, que se levantam [illegible]strados, quando, em consequência de um ato [illegible]u, ou de seus agentes, tenham sido lesados em um[illegible] em um interesse.

1[illegible]. III. Para esclarecê-los no exercício de todas estas funções, os ministros têm órgãos de consulta a seu lado, assim nos agentes auxiliares individuais, como também nas seções do Conselho de Estado, relativas aos serviços de seu cargo.

Não obstante, porém, eles são responsáveis por seus atos, em face da Constituição do Império, art. 135, e da lei regulamentar de 15 de outubro de 1827.

186. Em conclusão, pois, os ministros de Estado, auxiliados pelos seus agentes e órgãos consultivos, exercem toda sorte de

54 Regulamento n. 124 de 5 de fevereiro de 1842, art. 46.

funções ativas, em suas atribuições gerais; são juízes de seus atos, e, ao mesmo tempo, são por eles responsáveis.

CAPÍTULO IV – DA DISTRIBUIÇÃO DOS RAMOS DOS SERVIÇOS ADMINISTRATIVOS PELAS DIFERENTES REPARTIÇÕES MINISTERIAIS OU MINISTÉRIOS

187. I. Os serviços administrativos são criados para a satisfação de todas as necessidades sociais, relativas não somente à conservação e defesa da sociedade, como também ao seu desenvolvimento progressivo, para o bem-estar e prosperidade de todos e de cada um.

Sendo assim, torna-se manifesto que eles devem ser tanto mais numerosos, tanto mais diversos em espécies, quanto mais extenso for o território do Estado; quanto mais elevado for o grau de sua importância em população, força e civilização.

Daqui vem que esses serviços devem ser divididos por diferentes agentes diretos de igual categoria, para os dirigir e fazer executar, a fim de que nenhuma necessidade social deixe de ser satisfeita, nenhum interesse de caráter geral deixe de ser promovido.[55]

188. II. Como, porém, os serviços administrativos se aumentam, engrandecendo-se as suas diferentes classes, com suas respectivas espécies, quanto mais a sociedade progride; torna-se evidente que a divisão dos seus diversos ramos não pode ser permanente, mas alterável, para poder dar lugar a outros serviços novos, que importem consigo a necessidade de se aumentar também o número dos agentes diretos, que lhes correspondam.

---

55 Constituição, art. 131.

189. Daqui é a conclusão, que nem todos os Estados, nem um mesmo Estado, pode manter, em todo o tempo da sua duração, um mesmo número de ministros.

Assim, na França, quanto mais se desenvolveu a sua civilização, e, com ela, a ciência administrativa, tanto mais também foram se determinando as diferentes classes de serviços, tanto mais foram se aumentando as espécies contidas em cada uma delas; tanto mais foi se elevando proporcionalmente o número dos ministros, que deviam ser encarregados de os administrar.[56]

190. III. Da mesma sorte que em França, entre nós também o sistema ministerial tem passado por diferentes modificações, tendendo sempre para o aumento do número das repartições, pela desanexação dos vários ramos de serviços, cujas classes têm se desenvolvido com o progresso da nossa sociedade, e imposto, por sua importância, a necessidade da separação.

Assim é que, acompanhando-se o histórico do nosso sistema ministerial, desde o tempo em que fazíamos parte da nação portuguesa até ao presente, vê-se que, com efeito, o número das repartições ministeriais tem se aumentado progressivamente, desde 1643 até 1860.

A princípio, todos os serviços administrativos estavam afetos a uma única repartição de secretaria.

Em 1643, foi ela dividida em duas: na do Estado e das mercês; na do expediente e da assinatura.

Em 1736, estas duas repartições foram refundidas nas três seguintes: dos negócios interiores do reino; da marinha e domínios ultramarinos; da guerra e estrangeiros.

Em 1788, aumentou-se-lhes a da fazenda e comércio.

---

56 AUCOC, Leon. – *Conferência sobre a Administração e o Direito Administrativo*, 1ª Parte, Livro 2º, Título 1º, Cap. 1º, § 2º, ns. 59 e 60.

Em 1821, foi criada a da justiça; em 1823, a de estrangeiros; finalmente, em 1860, a da agricultura, indústria, comércio e obras públicas.

191. Assim, pois, temos presentemente as seguintes repartições ministeriais ou ministérios: 1°, do Império; 2°, da justiça; 3°, da fazenda; 4°, da guerra; 5°, da marinha; 6°, de estrangeiros; 7°, da agricultura, indústria, comércio e obras públicas.

192. Fica, portanto, demonstrado, e historicamente confirmado, que a distribuição dos ramos dos serviços administrativos pelas diferentes repartições ministeriais, não pode ser permanente, mas modificável, acompanhando o aumento progressivo das respectivas classes, que, elevando-se em importância, exigem a criação de agentes diretos especiais, que os administrem, como ramos distintos.

CAPÍTULO V – DAS ATRIBUIÇÕES ESPECIAIS DE CADA MINISTRO, COMO CHEFE DA SUA RESPECTIVA REPARTIÇÃO MINISTERIAL

193. I. A Constituição do Império, tendo em vista a mutabilidade dos serviços da ordem administrativa, limitou-se a declarar no art. 131 que haveria diferentes secretarias de Estado; deixando às leis ordinárias o encargo de designar o número delas, sua união e divisão, como melhor convier, bem como o de distribuir os serviços, que a cada uma devam pertencer.

Em consequência, as atribuições individuais de cada ministro, quanto à administração, quer sejam consideradas em geral, quer em espécie, derivam-se das leis orgânicas administrativas, e dos respectivos regulamentos, pelos quais são distribuídos os serviços públicos em vários ramos, para serem afetos a cada um dos ministérios.

Neste assunto, portanto, a legislação é toda positiva, e, como tal, deve ser aplicada, apenas com as ampliações compatíveis com o espírito do legislador.

Assim, pois, tudo quanto vai ser exposto, sobre as atribuições especiais de cada ministro, como chefe da sua respectiva repartição ministerial, será um transunto das leis e regulamentos orgânicos de cada um dos ministérios.

194. II. Como é sabido, o Estado sustenta duas ordens de relações: uma, interna; outra, externa. Daqui vem que ele tem direitos e deveres para com os indivíduos, que habitam no território nacional; bem como para com as nações estrangeiras, quando menos, em virtude dos princípios do Direito das gentes filosófico.

Sendo assim, é evidente que o Estado tem serviços administrativos, a uma e outra ordem referentes, para serem realizados.

Em consequência, eles podem ser divididos em duas categorias gerais: 1ª a dos serviços referentes aos interesses e necessidades sociais, no interior do Estado; 2ª a dos serviços referentes às suas relações internacionais.

Os da primeira categoria são afetos aos ministérios do Império, da justiça, da fazenda, da guerra, da marinha, e da agricultura, indústria, comércio e obras públicas; os da segunda, ao ministério de estrangeiros.

Nesta ordem, pois, vão ser indicadas, em sete seções, as atribuições especiais e principais de cada ministro, como chefe administrativo na sua respectiva repartição.

Seção I – Das atribuições especiais do ministro do Império[57]

§ I. Das classes de serviços administrativos afetos ao ministério do Império

195. O ministro do Império tem atualmente a seu cargo os serviços especiais relativos:

1º à corte e casa imperial;

2° ao interior do Estado;

3º à instrução pública;

4° aos cultos.

Destas quatro classes, de que se compõe o ramo pertencente a este ministério, vamos indicar as principais espécies, na mesma ordem, em que as enumeramos.

196. I. *Corte e casa imperial* – Sob esta classe compreendem-se os serviços relativos: 1º, à habitação, ensino e dotações devidas às pessoas da família imperial, a cujo respeito, ao ministro do Império incumbe dar à Assembleia Geral as necessárias informações; 2°, aos nascimentos, casamentos e óbitos das pessoas da mesma família imperial, quanto às respectivas atas, que por ele devem ser lavradas; 3º, às nomeações do pessoal da casa, que por eles são expedidas; 4°, às concessões de graças, ordens e mercês, títulos e distinções, cujas cartas por ele devem ser passadas; 5º, finalmente, a tudo quanto diz respeito às funções de corte, seu cerimonial e etiqueta.

197. II. *Interior do Estado* – Sob este título, tem o mesmo ministro o dever de manter e regularizar todo o movimento

---

57 Regulamentos de 30 de março de 1844, e de n. 2747 de 1861.

administrativo do Império, e de prover a certo número de necessidades dessa ordem.

Assim, é ele quem expede os atos imperiais referentes ao corpo Legislativo, e inspeciona os processos eleitorais; é ele quem expede as cartas de nomeações de conselheiros de Estado, de Presidentes e Vice-Presidentes de província, e de seus secretários; é ele, finalmente, quem dirige e regulariza todos os serviços concernentes à divisão territorial administrativa, à estatística geral, aos conflitos administrativos, à saúde pública, aos estabelecimentos de previdência e de caridade, aos socorros e divertimentos públicos.

198. III. *Instrução pública* – Sob esta denominação, as atribuições deste ministro referem-se à inspeção dos estabelecimentos científicos e artísticos da corte, e dos cursos superiores do Império; as nomeações, jubilações e demissões de lentes, e de professores, não provinciais; aos estatutos e regulamentos, que lhes são necessários; à aprovação dos compêndios e dos métodos; finalmente, às respectivas estatísticas.

199. IV. *Cultos* – Os serviços que, sob este título, pertencem ao ministro do Império, são relativos:

1º à divisão dos bispados, das vigararias gerais e da vara, e das paróquias no município neutro;

2º às apresentações, permutas e benefícios eclesiásticos;

3º aos provimentos dos bispados; e às relações com o metropolitano e mais bispos;

4º à relação e juízos eclesiásticos, com referência ao recurso à coroa;

5º ao beneplácito imperial e às relações com a Santa Sé e seus delegados;

6º às catedrais e paróquias;

7º às Ordens Terceiras, irmandades e confrarias;

8º aos cultos acatólicos.

§ II. Dos órgãos consultivos do ministério do Império

200. Do que ficou exposto no parágrafo antecedente, se manifesta que este ministério é o centro da administração interior em tudo quanto respeita à conservação, proteção, desenvolvimento e bem-estar dos cidadãos, visto como estão sob a direção do respectivo ministro todos os serviços atinentes aos administrados, considerados quanto ao físico, quanto ao intelectual, e quanto ao moral.

Com efeito, é este ministro quem vela sobre o estado sanitário, prestando aos administrados os socorros de que necessita; quem lhes fornece os meios de adiantamento nas ciências e nas artes, mediante a instrução pública em seus diferentes graus; quem procura manter para cada um o livre exercício de sua religião dentro da órbita da lei.

201. Ora, para o desempenho, até onde possível, de todos os deveres a seu cargo, conta ele com muitos auxiliares, não somente nas diretorias dos serviços em geral, e na respectiva secretaria, como também na junta de higiene pública, e nas administrações dos hospitais do Estado.

Conta, além destes, com as congregações das academias, com os diretores dos estabelecimentos de ensino e instrução, e com os bispos diocesanos; os quais todos lhe servem de órgãos consultivos, tendo ainda a respectiva seção do Conselho de Estado, para ilustrá-lo com seus pareceres sobre todas as matérias da sua competência.

§ III. Da necessidade da separação dos serviços concernentes a instrução pública e aos cultos

202. À parte a classe dos serviços relativos à corte e casa imperial, as demais, que estão ao cargo do ministro do Império, compondo-se de numerosas espécies, seriam, cada uma por si só, suficientes para ocuparem todo o tempo e atenção de um ministro laborioso e convenientemente preparado.

De fato, os serviços do interior, que constituem o ministério do Império como o centro de atividade de toda a administração; o ramo importantíssimo da instrução pública, e o não menos importante dos cultos, exigem, cada um para o seu perfeito desempenho, cuidados especiais, constante estudo e atenção.

A acumulação, pois, destas classes de serviços, tão importantes por seu desenvolvimento e número das espécies, que contêm, é manifestamente de grande inconveniente para o interesse público; provindo daí a necessidade da separação.

203. Ora, atendendo-se para o princípio de analogia, que deve presidir a distribuição dos serviços administrativos pelos diferentes agentes diretos, parece que os da instrução pública e os dos cultos podem bem ser atribuídos à uma repartição ministerial distinta; ficando a do Império encarregada unicamente dos ramos pertencentes ao interior, à corte e casa imperial.

Com esta separação, muito lucraria o serviço público, porque, dividido o trabalho, haveria forçosamente em todos os ramos mais acerto e prontidão.

Seção II – Das atribuições especiais do ministro da justiça[58]

§ I. Das classes de serviços administrativos afetos ao ministério da justiça

204. O ministro da justiça é atualmente encarregado não somente da extensa e importantíssima administração da justiça civil, comercial e criminal, em suas diversas ramificações; como também da conservação e tranquilidade da ordem pública.

Assim, pois, os serviços afetos ao ministério da justiça são de duas classes: uma, referente à justiça; outra, à ordem pública.

Das espécies componentes de uma e de outra, vamos indicar as principais.

205. I. *Serviços relativos à administração da justiça* – Sob este título, ao ministro da justiça incumbe dirigir, executar e fazer executar todos os serviços concernentes: 1º, à publicação e execução das leis, que devem ser aplicadas pelo Poder Judicial, na tríplice relação, civil, comercial e criminal; 2º, ao aperfeiçoamento dos tribunais, às competências e aos conflitos entre autoridades judiciárias e as administrativas;[59] 3º, à divisão judiciária, ao movimento da magistratura e aos ofícios de justiça;[60] 4º, às casas de prisões e de correção, na corte, e às colônias penais;[61] 5º, às concessões de perdão, graça e anistias;[62] 6º, aos *exequatur*, para o cumprimento

58 Decretos de 3 de julho de 1822; de 19 de abril de 1844; de n. 3445 de 1855; de n. 2350 de 1859; de n. 2750 de 1861.

59 Regulamento n. 124 de 5 de fevereiro de 1842, art. 27.

60 Ato Adicional, art. 10 § 1º.

61 Ato Adicional, art. 10 § 9º.

62 Constituição, art. 101, §§ 8º e 9º.

de sentenças ou de precatórias de jurisdições estrangeiras; 7º, ao tráfico de africanos, como pirataria.[63]

206. II. *Serviços relativos à conservação, segurança e tranquilidade da ordem pública* – Sob este título, tem este ministro a seu cargo a administração dos serviços relativos: 1º, à polícia, sua organização e divisão; 2º, à guarda nacional, sua organização, disciplina e movimento; 3º, à suspensão das garantias constitucionais, quanto à proposta ao governo, ou ao Poder Legislativo, e à execução das medidas decretadas a respeito.[64]

§ II. Dos órgãos consultivos do ministério da justiça

207. Com referência à administração da justiça, à polícia e à guarda nacional, aos deveres que tem o ministro corresponde o direito, faculdade ou poder de fazer expedir ordens, pela sua secretaria, a todos os juízes e tribunais civis, a todos os chefes de polícia, a todos os comandantes superiores da guarda nacional, para a remessa das informações, e dos mapas relativos aos ramos de serviços a cargo de cada um deles, afim de poder o mesmo ministro estar em dia com todos os negócios afetos à sua repartição.

208. Neste sentido, pois, são agentes auxiliares do ministro da justiça os juízes e tribunais civis e criminais, os chefes de polícia e os comandantes superiores da guarda nacional; os quais todos lhe servem de órgãos consultivos, com referência aos respectivos serviços, além da seção do Conselho de Estado, encarregada de esclarecê-lo com seus pareceres.[65]

---

63 Decretos de 14 de outubro e de 14 de nov. de 1850.

64 Constituição, art. 179 §§ 34 e 35.

65 Regulamento n. 124 de 5 de fevereiro de 1842, art. 1º.

Seção III – Das atribuições especiais do ministro da fazenda

§ I. Do patrimônio nacional

209. São importantíssimas, no domínio da administração, as atribuições especiais do ministro da fazenda; porque, sob a direção geral do Poder Legislativo, elas se envolvem com o patrimônio nacional em quase todas as suas relações, traduzindo-se no exercício de todos os direitos dominicais, com exceção ao de alienação.

Com efeito, a nação, representada pelo Estado, tem incontestável capacidade de adquirir a propriedade de bens, que, constituindo o patrimônio nacional, são destinados não somente às despesas com o serviço público, como também à satisfação de todas as necessidades sociais.

Ora, como proprietária desses bens, e como soberana, à mesma nação compete o direito, assim de os administrar e de os alienar, como de estabelecer e determinar os modos da administração e alienação, que os devem ter por objeto.

Em virtude desse direito, a nação brasileira delegou ao Poder Legislativo a faculdade de alienar bens nacionais; e ao Poder Executivo confiou unicamente sua administração, sob a direção geral da lei.[66]

Assim, pois, o ministro da fazenda, que está à frente da administração do patrimônio nacional, podendo exercer sobre ele todos os direitos dominicais, sob a direção geral do Poder Legislativo, não pode, entretanto, exercer o de alienação, que é privativo deste poder.

210. Determinados assim, em geral, os limites do Poder Administrativo em referência à gestão do patrimônio ou Fazenda Nacional,

---

66 Constituição, art. 15, § 15.

porque a administração não pode alienar os bens da nação, mas geri-los somente, sob a direção geral da lei; cumpre examinar como essa mesma administração deve ser organizada entre nós.

§ II. Das bases da organização administrativa da Fazenda Nacional

211. A Constituição do Império, no título 7º, capítulo 3°, estabelece as bases da organização administrativa da Fazenda Nacional.

Ora, segundo as disposições dos arts. 170 e 172, contidos nesse capítulo, a receita e a despesa da Fazenda Nacional estão ao cargo do Tribunal do Tesouro, quanto à sua administração, arrecadação e contabilidade, em recíproca correspondência com as Tesourarias e autoridades das províncias do Império. Ao ministro da fazenda incumbe receber dos outros ministros os orçamentos relativos às despesas de suas repartições; formar um balanço geral da receita e despesas do Tesouro Nacional do ano antecedente; confeccionar o orçamento geral de todas as despesas públicas do ano futuro, e da importância de todas as contribuições e rendas públicas, para apresentá-los ao Poder Legislativo, ao qual compete fixar as mesmas despesas, e destinar rendimentos para lhes fazerem face, como determina a Constituição, nos arts. 15 § 10, e 102 § 13.

Conseguintemente, este ministro, estando à frente do Tesouro Nacional, é quem tem a administração de todos os bens do Estado, como nação, porque por suas mãos passam todas as rendas públicas gerais; por ele são feitos todos os pagamentos deste mesmo gênero; é ele quem presta contas de todas essas rendas e despesas públicas ao Poder Legislativo.

212. Cumpre, entretanto, fazer observar que esta administração, exercida pelo ministro da fazenda, não cabe direta e imediatamente sobre todos os bens nacionais; porquanto, há alguns que estão sob a administração direta e imediata de outros ministros.

Assim é que os terrenos diamantinos, por exemplo, as terras devolutas, as estradas gerais e os rios navegáveis, bem como outros bens do domínio nacional, estão sob a administração do ministro da agricultura, do mesmo modo que os trens bélicos, os vasos de guerra, estão sob a administração dos ministros da guerra e da marinha.

213. Quando, porém, consideramos a administração dos bens públicos, independente do modo por que é desempenhada, se direto ou indireto, é incontestável que corre toda pelo ministério da fazenda; porquanto, é o respectivo ministro quem, nos termos do art. 172 da Constituição, apresenta o balanço geral de toda a receita e despesa do Tesouro Nacional; quem confecciona o orçamento para todas as despesas do ano vindouro; quem dá contas à Assembleia Geral de todas as contribuições, de todas as rendas públicas gerais, qualquer que seja a administração direta e imediata, sob a qual devam estar.

§ III. Das principais atribuições privativas do ministério da fazenda[67]

214. I. Do dever imposto ao ministro da fazenda, no art. 172 da Constituição, é consequência que lhe incumbe dirigir, inspecionar, fiscalizar todas as Tesourarias, todas as repartições fiscais, por onde as rendas públicas gerais devam ser arrecadadas; incumbindo-lhe igualmente fazer expedir as ordens necessárias, não somente para os pagamentos das despesas dos outros ministérios, como também para as dos juros e amortização da dívida pública, e das pensões do Estado.

Assim, pois, este ministro exerce ação sobre todos os empregados de fazenda, tomando contas aos recebedores das rendas nacionais e aos pagadores das dívidas do Estado, de qualquer

---

67 Constituição, art. 172; Lei de 4 de julho de 1850; Regulamento n. 736 de 20 de novembro de 1850.

procedência, que elas sejam; esclarecendo-os para o cumprimento de seus deveres; decidindo os recursos, por eles interpostos das decisões das Tesourarias, ou dos chefes das repartições fiscais, sobre matéria de atribuição ou competência administrativa.[68]

215. II. Não se limitam as suas atribuições jurisdicionais às decisões desses recursos; porquanto, incumbe-lhe também conhecer e decidir, tanto em primeira instância, como em grau de recurso, as reclamações sobre o contencioso administrativo da Fazenda Nacional; salvo nos casos em que o Tribunal do Tesouro tem voto deliberativo.[69]

Do mesmo modo, compete-lhe igualmente conhecer e decidir as questões sobre fianças e contratos celebrados com a mesma fazenda, sobre objetos de sua administração.

216. III. Além das atribuições, que ficam indicadas, o ministro da fazenda tem outras, não menos importantes. Assim é que lhe incumbe observar os efeitos, que os lançamentos de impostos tenham produzido sobre os diversos ramos da riqueza pública, e propor ao Poder Legislativo, na Câmara dos Deputados, as medidas que julgar mais convenientes a esse respeito.[70]

Ora, para esse fim, é de necessidade que o ministro tenha em vista os resultados prováveis da combinação dos sistemas de lançamentos, que possam ser aplicados no país, para se obter o aumento da riqueza pública, mantendo-se a igualdade proporcional entre as contribuições exigidas e os haveres dos contribuintes.

217. Com efeito, os impostos, necessários para as despesas públicas, podem ser lançados direta ou indiretamente; de onde provêm os dois sistemas de impostos, diretos e indiretos.

---

68 Argumento da Constituição, art. 172, Decreto R. de 29 de janeiro de 1859, art. 2.

69 Cit. R. de 29 de janeiro de 1859.

70 Constituição, art. 36, § 1 e 172 comb.

Os impostos são diretos, quando caem sobre o contribuinte nominalmente designado, e lhe são exigidos em termos periódicos e regulares, como são os impostos sobre indústrias e profissões, porque são fixos e anuais, e são cobrados por uma lista nominal, em que estão incluídos todos os contribuintes, dos quais são exigidos diretamente.

São indiretos, porém, quando caem, antes sobre um fato, do que sobre um homem, ferindo o contribuinte de uma maneira indireta somente, sem continuidade, sem periodicidade regular: tais são os impostos lançados sobre o consumo, sobre a transmissão de propriedade imóvel, sobre heranças e legados e sobre importação; porque são acidentais e o seu quantitativo é determinado pela quantidade ou valor dos objetos sobre os quais recaem; são exigidos, não dos indivíduos diretamente, mas das matérias tributadas.

218. Ora, qualquer destes dois sistemas tem grandes falhas, que devem ser tidas em conta na aplicação; porquanto, os seus resultados não são absolutos, mas variáveis, conforme a matéria tributável, conforme as circunstâncias. Entretanto, é de justiça que, nos lançamentos de impostos, se observe a possível igualdade proporcional entre as contribuições e os haveres dos contribuintes, a fim de que os ônus do Estado não pesem mais sobre uns, do que sobre outros.

Em consequência, é necessário que os dois sistemas sejam combinados de maneira, que, sem quebra deste princípio da igualdade proporcional, possa se obter o aumento da riqueza pública, para se promover o desenvolvimento progressivo da sociedade.

219. Para a consecução desses dois fins, deve-se observar, como a melhor regra taxativa – a modicidade nos impostos, tanto diretos como indiretos –; porque, com a diminuição deles, aumenta-se o consumo; com o aumento do consumo, vem o da produção; e com o da produção, correspondente ao do consumo, vem necessariamente o das rendas públicas.

Essa modicidade, porém, deve ser forçosamente limitada, porque, de outro modo, ela poderia extinguir as rendas do Estado.

Portanto, ao ministro da fazenda incumbe não somente combinar aqueles dois sistemas, como também determinar os limites da modicidade, quando estabelecer as bases para os lançamentos de impostos.

220. IV. Não é só em referência aos lançamentos de impostos, que intervém este ministro, exercendo atribuições; ele funciona também, e muito ativamente, quando se trata de levantamento de empréstimos.

Com efeito, quando, na deficiência de meios, por qualquer causa, o governo necessita de pedir ao Poder Legislativo autorização para o levantamento de empréstimos, ele se faz representar, em tudo que lhes é relativo, pelo ministro da fazenda.

Assim, tem este ministro muitas atribuições a esse respeito; porquanto, é ele quem intervém, ou com suas propostas, ou com seus esclarecimentos, quando, em conselho de ministros, se trata dessa necessidade; é ele quem, quando reconhecida a urgência do pedido e resolvida a proposta, representa o governo junto às câmaras, pugnando pela concessão da autorização solicitada; é ele quem, quando concedida a autorização, lança às praças a proposta, recebe os concorrentes, trata com eles, e entra em todas as operações, representando sempre o governo da paz.[71]

221. V. Ao ministro da fazenda também incumbe inspecionar a casa da moeda, e tudo quanto lhe é relativo.

---

71 Constituição, arts. 172 e 15 § 13 comb.; Lei de 4 de outubro de 1831; Decreto de 20 de novembro de 1850; Decretos ns. 870 e 2343 de 22 de novembro de 1851; Decreto de 29 de janeiro de 1859.

O Poder Legislativo determina o peso, valor, inscrição, tipo e denominação das moedas;[72] porque, sendo elas destinadas a servirem de medidas de valores e de agentes intermediários de permutas, são, por isso, consideradas como meios públicos, e, como tais, dependentes da confirmação do poder soberano, que lhes dê autoridade, e lhes garanta o crédito geral, que devem ter.

Mas este poder não dirige, nem inspeciona a confecção das moedas; esse trabalho é próprio da administração da Fazenda Nacional, como dependência das finanças.

222. Com efeito, a moeda metálica tem dois valores: um é nominal, e lhe é dado pelo Poder Legislativo; outro é real, e dependente do peso, da finura ou quilate do ouro, ou da prata, de que é feita, e que nela se contêm.

Estes dois valores, porém, quase nunca estão ao par, porque, abstraindo-se do caráter oficial das moedas, vê-se que elas todas são mercadorias, e que, consequentemente, o seu valor real aumenta-se na razão direta da procura, e diminui na inversa da oferta, como o de qualquer outra mercadoria.

Em consequência, atenta a natureza da sua missão, elas constituem um elemento importantíssimo para os cálculos, que devem ser feitos por ocasião da confecção dos orçamentos.

Por essa razão, pois, e mais ainda porque elas se revestem de autenticidade pública, todas as questões, que lhes são atinentes, prendem-se aos interesses financeiros do Estado, e, portanto, devem estar sujeitas ao ministro das finanças.

223. VI. Além das moedas metálicas, que, como mercadorias, têm por si valor real, há outras não metálicas, como o papel-moeda e o papel bancal, que são propriamente sinais representativos de

---

72 Constituição, art. 15, § 17.

valores; sendo o primeiro um título de empréstimo feito ao Estado,[73] e o segundo uma nota promissória, garantida e prontamente pagável ao portador.[74]

Ora, representando esses títulos o crédito do Estado, ou valores em depósito no Tesouro Nacional, ou nos bancos de emissão, e sendo recebidos como moedas nas estações públicas,[75] é incontestável que eles devem estar sob a inspeção e fiscalização do ministro da fazenda, porque, estando intimamente ligados às finanças, qualquer abuso a seu respeito pode comprometê-las, como é evidente.

Em consequência, tanto a emissão das notas dos bancos, como a substituição das do Tesouro Nacional, são atos que reclamam toda a atenção deste ministro, para o fim de evitar que se aumente a dívida do Estado, e que se lhe diminuam as rendas, em virtude de emissões *ultra limites*.

Daqui, pois, vem as suas atribuições concernentes à inspeção e fiscalização sobre esses títulos, em razão da ligação íntima em que se acham com as finanças do Estado.

224. VII. Como complemento das suas atribuições principais, tem ainda o ministro da fazenda a faculdade de propor ao corpo Legislativo a conversão em lei de toda e qualquer medida, que julgue ser conveniente, assim sobre o sistema de arrecadação e distribuição das rendas públicas, como sobre a organização das diferentes repartições fiscais, em bem do aperfeiçoamento da administração a seu cargo.

---

73 Alvará de 12 de outubro de 1808; Lei de 23 de novembro de 1829; Decreto L. de 4 de janeiro de 1833.

74 Lei de 5 de julho de 1853.

75 Cit. Lei 5 de julho de 1853.

§ IV. Dos órgãos consultivos do ministério da fazenda

225. Como órgãos consultivos, que o esclareçam no exercício das suas funções, tem o ministro da fazenda, além da respectiva seção do Conselho de Estado,[76] e dos diretores gerais, mais o próprio Tribunal do Tesouro, os inspetores das Tesourarias das Províncias, os inspetores das alfândegas e os administradores da mesas de rendas, os fiscais dos bancos, o provedor da casa da moeda, e outros agentes, que lhe são subordinados.

Seção IV – Das atribuições especiais do ministro da guerra

§ I. Da necessidade, fixação e divisão da força pública permanente

226. I. A conservação e o aperfeiçoamento progressivo são deveres impostos por Deus, assim aos indivíduos, como às sociedades, para a consecução de seus fins, em relação ao destino humano.

Mas o cumprimento desses dois deveres pressupõe o estado de paz, que é a conservação da ordem pública em plena tranquilidade, porque, sem ela, os homens não podem desenvolver a sua atividade harmonicamente sobre todos os objetos de sua aplicação.

A manutenção da tranquilidade da ordem pública, porém, depende da segurança, tanto interna como externa, do país.

Ora, esta segurança pressupõe a existência da força pública, com a qual o Estado possa se fazer respeitar em seus direitos; defender-se, quando agredido; e impor a reparação das ofensas, que porventura lhe sejam feitas por quem quer que for.

---

76 Regulamento n. 124 de 5 de fevereiro de 1842, art. 1º.

Consequentemente, a existência desta força é de necessidade para o Estado.

227. II. Em circunstâncias extraordinárias, a força pública, entre nós, compõe-se de todos os cidadãos, sem distinção alguma, como declara a Constituição do Império, no art. 145. Fora, porém, dos grandes perigos, em que a nação inteira deve se levantar armada em defesa da pátria, ela não pode ser exercida por todos os cidadãos; porquanto, outras ocupações diversas, e mesmo essenciais à subsistência da sociedade, reclamam o seu tempo e os seus cuidados.

Em consequência, a força pública permanente, quanto ao número de que há de ser composta, deve ser proporcionada às necessidades ordinárias do Estado em atualidade, e às rendas da nação, que, para conservá-la, tem de dispender.

228. Sendo assim, e sendo variáveis tanto as necessidades, como as rendas nacionais, pois que dependem de diferentes circunstâncias, torna-se manifesto que, para se manter a proporção entre elas e a força pública, deve esta ser anualmente fixada pelo Poder Legislativo, porque é também o competente para decretar despesas públicas.[77]

229. Mas esta fixação não pode ser feita sem prévia informação por parte do Poder Executivo; porquanto, a ele incumbe não somente conhecer a quantidade necessária de força para manter a segurança do país; como também saber quais os recursos financeiros com que o Estado possa contar para fazer face às despesas que ela acarreta.

Conseguintemente, para a fixação da força pública permanente, dois Poderes devem concorrer: o Executivo, com a proposta; o Legislativo, com a lei.[78]

---

77 Constituição, art. 15, § 10.

78 Constituição, art. 15, § 11.

230. III. Esta força, porém, divide-se em força de terra e força de mar.[79] Conseguintemente, para a sua fixação, três ministros devem concorrer com suas informações: o ministro da guerra, em referência à força de terra; o da marinha, com referência à de mar; o da fazenda, em referência aos recursos pecuniários necessários para a conservação de uma e de outra.

231. Assentada, porém, a proposta em conselho de ministros, como ato de governo, este faz-se representar junto às câmaras pelos dois ministros, da guerra e da marinha, incumbidos, cada um, de demonstrar a necessidade no número pedido para a formação das forças a seu cargo.[80]

§ II. Das principais atribuições do ministro da guerra

232. Estando a força militar permanente dividida em duas partes, das quais uma é de terra, e outra de mar, os serviços, que lhe são relativos, estão também afetos a duas administrações distintas; porquanto, a força de terra está sob a administração do ministro da guerra, e a de mar sob a do ministro da marinha; tendo cada um atribuições próprias.

Com efeito, conquanto a principal missão da força militar, tanto de terra como de mar, seja a de manter a segurança externa do Estado, repelindo seus inimigos, desafrontando a honra nacional, defendendo em tudo a soberania exterior; contudo, em razão da diversidade dos serviços, e da consequente diferença de preparação do pessoal e dos meios de operar, divergem entre si tão profundamente aqueles dois ramos, em que a força se divide, que exigem naturalmente administrações distintas, cujos chefes

79 Constituição, art. 146.

80 Lei de 15 de dezembro de 1830, art. 41.

devem ser revestidos de atribuições especiais e próprias para o bom desempenho dos serviços, a cada um deles pertencentes.

233. Toda força militar, porém, atenta a natureza da sua missão, deve ser enérgica, perita, bem disciplinada e pronta para qualquer emergência.

Conseguintemente, compondo-se ela de diferentes armas; necessitando de preparações e de habilitações importantíssimas, que não podem ser adquiridas senão por meio de estudos especiais e de longos e constantes exercícios; torna-se manifesto que, tanto a força de terra, como a de mar, devem ter, cada uma, sua formação, sua organização, sua instrução, sua disciplina, seu modo de viver e de proceder, sempre de conformidade com a natureza dos serviços, a que são destinadas, e que lhes impõe a necessidade da permanência.

234. Ora, em referência ao exército, estas condições essenciais à sua existência, em prontidão permanente, pressupõem outras muitas, que devem estar sob a direção e inspeção do ministro da guerra, como sejam:

I. *Em relação ao pessoal* – A divisão do exército em diferentes corpos, com suas respectivas armas e organização; as promoções, reformas, vencimentos e recompensas; a disciplina, instrução e exercícios:

II. *Em relação às coisas* – As oficinas, fábricas e depósitos de materiais de guerra; os quartéis, fortalezas, presídios e fortificações; as praças de guerra, depósitos de prisioneiros e obras militares:

III. *Em relação aos serviços* – A secretária, com suas diferentes repartições; e mais a da justiça criminal militar, a de saúde do exército, a eclesiástica e a da fazenda, que lhe são referentes.

Assim, pois, a administração, exercida por este ministro, tem por objeto não só o pessoal do exército em todas as suas relações com o serviço militar, tanto em paz como em guerra; mas também a ordem do mesmo serviço, e tudo quanto lhe é essencial, ou relativo, pois é ele quem lhe dá direção e inspeciona os respectivos planos.

§ III. Dos órgãos consultivos do ministério da guerra

235. Do que ficou exposto no parágrafo antecedente, se manifesta que a guerra é um ramo importante do serviço público, exigindo evidentemente uma administração própria, que, para ser bem desempenhada, deve ser confiada a um ministro, que tenha conhecimentos especiais a seu respeito.

Não basta, com efeito, que o ministro esteja a par dos serviços das diferentes repartições militares, em que se divide a sua secretaria, para bem se desempenhar desta administração; é ainda necessário que ele conheça quais são as preparações que deve ter o pessoal do exército, a natureza dos serviços próprios das diferentes armas, e as necessidades relativas às tropas, para poder acudir, a tempo e a propósito, com as devidas providencias.

236. Para o fim de instrui-lo a respeito dos serviços a seu cargo, tem, pois, o ministro da guerra, como órgãos consultivos, além da respectiva seção do Conselho de Estado,[81] o conselho supremo militar; o comandante e conselho de instrução da escola militar; o diretor e a congregação da escola central; os diretores dos arsenais de guerra; os inspetores dos corpos do exército, o cirurgião-mor do mesmo e as juntas militares de saúde; como tudo é expresso no Alvará de 1º de abril de 1808, e posteriores Regulamentos de diferentes datas.

---

81 Regulamento n. 124 de 5 de fevereiro de 1842, art. 1º.

Seção V – Das atribuições especiais do ministro da marinha[82]

§ I. Da necessidade da força naval e a sua permanência

237. Assim como o exército permanente é necessário a um Estado para mantê-lo em segurança e torná-lo respeitável em seus direitos, já defendendo-o contra as agressões de inimigos, já impondo-lhes a obrigação de repararem as ofensas que lhe tiverem feito; assim também lhe é necessária, para os mesmos fins, a força naval, ou marítima, quando é limitado por mares ou rios navegáveis, em que ela possa se desenvolver.

238. Mas, para que esta força possa prestar, de pronto, ao Estado todos os serviços, que dela exige a segurança externa, é mister que o seu pessoal esteja convenientemente preparado e habilitado com a necessária instrução, que é complexa e variada, e com o hábito da vida de mar; devendo, além disso, ser perito no uso das armas, e principalmente da artilharia, que é a principal.

239. Ora, a preparação e habilitação do pessoal da força marítima, para poder operar em qualquer momento, pressupõem tempo, plano e perseverança; exigindo, em consequência, o estabelecimento de repartições, de escolas e academia; de hospitais, asilos e enfermarias; de oficinas e depósitos de armamentos; além de outras obras e materiais, que são necessários para o serviço naval.

240. Sendo assim, é evidente que a força marítima constitui um ramo de serviço importante e permanente, que, por sua natureza, exige uma administração especial e exclusiva, atenta a multiplicidade de espécies de que ele se compõe.

---

82 Lei de 23 de agosto de 1821; Regulamento de 20 de abril de 1844.

§ II. Das principais atribuições do ministro da marinha

241. Exigindo a força militar marítima, e tudo quanto lhe é relativo, uma administração própria, o ministro da marinha, que está à sua frente, exerce as suas especiais atribuições, tanto sobre o pessoal da mesma força, como sobre o material e serviços, que lhe são pertencentes. Assim compete-lhe:

242. I. *Quanto ao pessoal da força de mar:*

1º Dar informações ao governo sobre o *quaulum* necessário, que deve ser fixado pelo Poder Legislativo, ao qual lhe cumpre apresentar, em nome do mesmo governo, a respectiva proposta, com os necessários esclarecimentos;[83]

2º Promover os engajamentos e alistamentos para o preenchimento dos quadros da armada;

3º Fiscalizar os estabelecimentos de instrução, estabelecendo a disciplina e regulando os respectivos exercícios;

4º Propor as promoções e as reformas, e decidir as questões sobre vencimentos;

5º Inspecionar as repartições de saúde, asilos, hospitais e enfermarias, bem como a repartição eclesiástica da armada.

243. II. *Quanto ao material da força naval e suas dependências* – Ao mesmo ministro incumbe a direção geral de tudo quanto é necessário à conservação e melhoramento dos navios de guerra e seu armamento; dos estabelecimentos de construções, arsenais, fábricas e oficinas; dos portos e barras; dos faróis e atalaias; dos maquinismos e modelos; das matas destinadas ao corte de madeiras para as construções navais etc.

---

83 Lei de 15 de dezembro de 1830, art. 41.

244. III. *Quanto aos serviços* – É da sua competência dar a direção geral às forças de mar, quando em movimento; fiscalizar os contratos de fornecimentos; tomar todas as providências que forem necessárias em tais circunstâncias; enfim inspecionar os serviços de todas as repartições pertencentes ao seu ministério.

§ III. Dos órgãos consultivos do ministério da marinha

245. Além da respectiva seção do Conselho de Estado, tem o ministro da marinha, como órgãos consultivos, o conselho supremo militar, o conselho naval, o encarregado do quartel-general, o diretor e conselho de instrução, a contadoria geral, as intendências, os inspetores de arsenais, o conselho de compras, e os diretores dos hospitais, das enfermarias, e dos asilos da gente de mar.

Seção VI – Das atribuições especiais do ministro da agricultura[84]

§ I. Da ligação entre as indústrias, comércio e obras públicas

246. De qualquer modo que as indústrias sejam classificadas, é indubitável que todas concorrem, com suas utilidades, para o bem-estar e aperfeiçoamento dos homens na sociedade. Em consequência, elas entrelaçam-se de tal maneira para esse fim comum, que, em suas relações com a Administração Pública, não podem deixar de ser afetas à mesma repartição ministerial, conjuntamente com o comércio, por cujo intermédio podem levar igualmente a todos os pontos da terra os seus úteis ou necessários produtos.

84 Lei n. 1067 de 1860; Regulamentos ns. 2747 e 2748 de 1861.

247. Sendo tal o concurso das indústrias para o engrandecimento e aperfeiçoamento social, é dever da Administração Pública cooperar para o desenvolvimento de todas em geral, e especialmente daquelas que, atentas as condições de meios no país, mais podem ali prosperar.

Para esse fim, pois, as atribuições especiais do ministro da agricultura devem abranger os serviços concernentes assim às indústrias, como ao comércio, e suas dependências.

§ II. Das principais atribuições do ministro da agricultura

248. Em consequência da observação feita no parágrafo antecedente, os serviços administrativos da competência deste ministro, agrupam-se sob as seguintes classes: *agricultura e indústrias*, *comércio* e *obras públicas*.

249. I. *Em referência à agricultura e às industrias* – Competem-lhe a direção e inspeção de todos os serviços concernentes ao desenvolvimento dos diversos ramos, assim agrícola, como extrativo, pastoril, fabril e de transporte, tanto por terra como por água; incumbindo-lhe promover o ensino profissional das mesmas indústrias; animar e proteger as associações e companhias, que tenham por objeto o cultivo de qualquer delas; facilitar, para esse fim, a concessão de privilégios de invenção ou de introdução de qualquer melhoramento industrial.

250. II. *Em referência ao comércio* – Tem este ministro sob a sua administração todos os serviços relativos a este ramo de indústria, ou ele se exerça no interior, ou no exterior, mas fora das relações internacionais, tanto por terra como por água; abrangendo não somente o comércio em si, como também as associações comerciais, as instituições de seguros, bancos e fretamentos; as vias de comunicação de qualquer espécie; os correios e telégrafos, e tudo quanto lhes é relativo.

251. III. *Em referência às obras públicas* – Estão sob a direção e fiscalização do mesmo ministro todas as obras que são feitas por conta do Estado, ou por ele fiscalizáveis, em razão do interesse público, como, por exemplo, as estradas de ferro, nas quais tem o Estado um fiscal, para velar pela segurança dos cofres públicos, quando há garantia de juros, ou unicamente pela segurança dos passageiros e das mercadorias, entregues a esse meio de transporte.

252. Com a execução de todos os serviços e obras, que são realizadas sob esta administração há dispêndio de avultadas somas, e por isso os agentes, encarregados de os executar, ao mesmo ministro prestam contas, pois é ele quem manda expedir as ordens necessárias para os respectivos pagamentos.

§ III. Dos órgãos consultivos do ministério da agricultura

253. Como os outros ministros, tem também o da agricultura seus órgãos especiais de consulta, correspondentes a cada uma das classes componentes do seu respectivo ramo.

Assim, auxiliam-no, com seus pareceres, além da seção de Conselho de Estado dos negócios do Império, os tribunais do comércio, os inspetores gerais das obras públicas, os engenheiros fiscais das estradas de ferro, o administrador geral dos telégrafos, os inspetores das fábricas, os diretores gerais dos índios, os comissários do governo nas empresas coadjuvadas pelo Estado, os institutos agrícolas, a diretoria das sociedades industriais e de colonização, e bem assim todos os agentes que lhe estão subordinados, como o diretor geral dos correios e outros.

Seção VII – Das atribuições especiais do ministro de estrangeiros[85]

§ I. Da razão de ser o ministério de estrangeiros

254. Os ministros, de cujas atribuições temos nos ocupado até ao presente, estão encarregados dos serviços administrativos referentes às necessidades sociais, no interior do Estado; mas o de estrangeiros, cujas principais atribuições vão ser indicadas, atua nas relações internacionais.

255. Com efeito, como é sabido, os grandes corpos políticos ou Estados, conquanto autonômicos e independentes, não vivem, todavia, na atualidade, em completo isolamento; pelo contrário, estabelecem entre si diferentes relações, de onde lhes resultam direitos e obrigações recíprocas, cuja efetividade e cumprimento realizam por intermédio dos seus representantes.

Ora estas relações não são atualmente acidentais e passageiras, mas permanentes; impondo assim às diferentes potências a necessidade de conservarem, cada uma em seu seio, uma repartição especial, encarregada da correspondência política e da direção dos negócios no exterior.

Essa repartição especial é a do ministério de estrangeiros, de cujo ministro vamos nos ocupar, indicando as suas principais atribuições, após a classificação dos serviços a seu cargo.

§ II. Classificação e importância dos serviços afetos ao ministério de estrangeiros

256. Este ministério, diz o Marques de São Vicente, tem por sua própria natureza, e leis que o regem, importantes deveres ou

---

85 Regulamentos de 26 de fevereiro de 1842, e de 20 de abril de 1844; e de b. 2358 de 1859.

serviços, que podem ser considerados por duas faces – *política* e *comercial* –; porquanto, ele deve não somente defender os direitos do Estado em suas relações exteriores; mas também promover os seus interesses mercantis, ou antes, industriais.[86]

257. Estas duas classes, porém, distinguem-se de outras análogas, pertencentes a outros ministérios, pelo caráter da *intencionalidade*, que lhes é próprio.

Ora, é precisamente em razão desse caráter, que elas se tornam importantíssimas, e exigem da parte do ministro de estrangeiros, que está encarregado da sua administração, muita prudência e atividade, porque, devendo ele tratar em nome do seu governo, como de nação à nação, nem ao menos tem a seu lado as bases gerais da lei, para poder se guiar por elas.

Assim, pois, nas relações internacionais, os direitos e interesses do Estado estão confiados à prudência e tino diplomático deste ministro.

§ III. Das principais atribuições do ministro de estrangeiros

258. Como encarregado da administração dos negócios internacionais, o ministro de estrangeiros, exercendo as atribuições, que lhe são próprias, e atuando dentro do Estado, leva muitas vezes ao exterior a eficácia de seus atos, por intermédio dos seus agentes diplomáticos, em missão transitória ou permanente.

259. I. Dentro do país, a este ministro incumbe entrar em conferência com os ministros públicos das outras potências; ouvir suas propostas e reclamações; responder-lhes em nome do seu governo; discutir com eles os interesses recíprocos; entabular com eles as negociações propriamente ditas, tendo em vista os direitos

86 Direito Público brasileiro, Título 6º, Cap. 4º, Seção 6ª, § 2º, n. 377.

e interesses da nação, para serem concluídas pelo governo, nos termos do art. 102 § 8º da Constituição; e finalmente levá-las ao conhecimento do Poder Legislativo, quando o interesse e a segurança do Estado assim o permitirem.[87]

260. Daqui é consequência que, atuando o ministro de estrangeiros como representante do governo, e este como representante da nação, sob a autoridade do Poder Legislativo, tem este a faculdade de anular as convenções ou tratados, quando lhe forem apresentados, desde que, por suas cláusulas, sejam exorbitantes das atribuições do poder governamental.

261. Mas, em todo caso, sendo da competência deste ministro a iniciação das negociações, de onde devem resultar as convenções ou tratados, com as potências estrangeiras, à ele devem competir também a redação e a publicação de todos os atos, emanados do Soberano como chefe do Poder Executivo, quando referentes a negócios públicos internacionais, qualquer que seja o seu objeto.

262. II. Temos notado que o ministro de estrangeiros, atuando dentro do país, faz sentir no exterior a eficácia de seus atos, por intermédio de seus agentes diplomáticos, acreditados junto das outras potências, e ali encarregados de velar pela manutenção das relações recíprocas, de proteger seus nacionais, de os defender contra a injustiça, e de informar o seu governo sobretudo quanto possa lhe interessar.

Ora, de todas as missões diplomáticas, este ministro é o chefe central no país, que as envia; e, portanto, a ele incumbe escolher seus respectivos chefes, organizá-las, designar-lhes os serviços especiais, dar-lhes direção, exigir dos ministros enviados, ou residentes, relatórios circunstanciados, e transmitir-lhes as ordens do seu governo.

87 Constituição, art. 102, § 8.

263. III. Nas relações internacionais, há interesses de ordem política e de ordem comercial, sujeitos à administração do ministro de estrangeiros, como acima ficou notado.

Ora, no exterior, os negócios puramente políticos, ou mesmo comerciais, em tanto quanto são ou podem ser objetos de tratados, pertencem à competência exclusiva dos ministros diplomáticos; mas os que são puramente comerciais, e que têm de ser realizados em relação com os indivíduos, eles administram-nos por intermédio de agentes especiais, residentes em cada localidade do país, junto de cujo governo se acham acreditados.

264. Ora, estes agentes, que assim, em razão da natureza da sua principal missão, são comerciais, e não políticos, são os cônsules, encarregados pelo governo do seu país de velar, nas localidades em que residem, sobre os interesses gerais do comércio e da navegação; de proteger os seus nacionais no gozo de seus direitos; de lhes fazer às vezes de magistrados para certos atos da vida civil, e de os conciliar em suas discórdias.

265. Como agentes, encarregados de tais serviços no exterior, estão os cônsules subordinados aos ministros, chefes das missões diplomáticas nos países em que residem, porque incontestavelmente são seus auxiliares. Estes ministros, porém, atuam em nome da nação que os envia. Conseguintemente, as suas respectivas legações, com os consulados que lhes são sujeitos, têm por centro comum, no Estado a que pertencem, o ministério de estrangeiros, de onde lhes vem diretamente, além da direção geral, as ordens e instruções concernentes a quaisquer serviços especiais.

Assim, pois, o ministro de estrangeiros exerce sobre os consulados, guardada a competência limitada destas repartições, as mesmas atribuições, que tem sobre as legações e seu pessoal.

266. IV. Devendo estar ao cargo deste ministro tudo quanto, nas relações internacionais, interessa ao Estado, na ordem administrativa, são também de suas atribuições os serviços relativos

aos *exequatur* para os cônsules estrangeiros; às credenciais dos enviados diplomáticos do país; à manutenção da reciprocidade dos direitos, concedidos no exterior aos nossos nacionais; à entrada, residência, ou trânsito de estrangeiros, no território da nação; à conservação da neutralidade; às reclamações, e ao cerimonial político e diplomático.

§ IV. Do caráter dos atos internacionais e dos órgãos consultivos do ministério de estrangeiros

267. Cumpre fazer observar que os principais deveres do ministro de estrangeiros, no que respeita à celebração dos tratados, consistem no cumprimento das ordens, que recebe do poder governamental; porquanto, todos os grandes atos internacionais, devendo ser realizados em nome da nação, revestem-se por isso de caráter político ou geral, e, como tais, pertencem à competência do governo.

268. Mas, na execução das ordens governamentais, no entabular as negociações, nas instruções aos seus agentes, nas medidas momentâneas, asseguradas dos direitos e interesses do Estado no exterior, o ministro tem de agir sob a sua própria responsabilidade, como chefe da administração dos negócios estrangeiros.

Ora, para auxiliarem-no no desempenho dessa administração, servem-lhe, em geral, de órgãos de consulta, a seção do Conselho de Estado, encarregada dos negócios da justiça e dos estrangeiros; e, em especial, os ministros diplomáticos e os cônsules, porque não somente executam suas ordens, como também lhe dão pareceres e informações.

TÍTULO II

DA ADMINISTRAÇÃO DAS PROVÍNCIAS

CAPÍTULO I – DOS PRESIDENTES DE PROVÍNCIA, SEU CARÁTER PÚBLICO, SUPERIORIDADE E ATRIBUIÇÕES[88]

Seção I – Do caráter público e superioridade dos Presidentes de província

269. I. Tendo a administração geral o seu centro de vida e de movimento no coração do Império, dali se irradia a respectiva ação administrativa pelas grandes circunscrições territoriais, em cada uma das quais ela tem agentes diretos nos Presidentes de província.[89]

---

88 Constituição, arts. 165 e 166; Lei de 3 de outubro de 1831. Ato Adicional, arts. 8, 13, 14, 15, 16, 18, 19, 20, 22 e 24.

89 Constituição, art. 165.

Ora, estes funcionários, sendo nomeados pelo Imperador, como chefe do Poder Executivo,[90] e postos, cada um, à frente da administração da respectiva província, devem ser considerados não somente como representante daquele poder, mas também como chefes das administrações dos negócios puramente provinciais.[91]

Em consequência, tendo o Poder Executivo duas ordens de atribuições, governamentais e administrativas, os Presidentes que o representam, cada um em sua província, e que, demais, estão à frente da respectiva administração, revestem-se evidentemente do tríplice caráter de representantes do poder político governamental, de agentes diretos da administração central e de chefes das administrações propriamente provinciais.[92]

270. II. Sendo assim, torna-se manifesto que a autoridade destes Presidentes é a primeira nas respectivas províncias; porquanto, sendo nelas os representantes únicos do poder central, e, ao mesmo tempo, chefes administrativos provinciais, eles não conhecem ali quem lhes seja superior.

Em consequência, todos os funcionários e empregados existentes nas províncias, sejam de criação de lei geral ou de lei provincial, estão subordinados aos respectivos Presidentes, sem distinção de classe ou graduação, como declara expressamente a Lei de 3 de outubro de 1834, art. 1º.

Pelo que, em razão da sua superioridade, os Presidentes de província exercem atribuições concernentes assim aos serviços administrativos, como às pessoas dos funcionários e empregados públicos de qualquer classe e categoria, como vamos ver nas seções, que seguem.

---

90 Constituição, arts. 102 e 165.

91 Constituição, art. 165 e Ato Adicional, art. 24 § 4º.

92 Constituição, art. 165 e 166; Ato Adicional, art. 24, § 4º.

Seção II – Das atribuições dos Presidentes de província, como agentes da administração geral

271. No tríplice caráter de representantes do poder governamental, de agentes da administração central e de chefes das administrações provinciais, estes Presidentes têm atribuições correspondentes a cada uma destas qualidades.

Como, porém, as atribuições políticas, ou governamentais, são por eles exercidas em referência às Assembleias Legislativas Provinciais, inverteremos a ordem do enunciado, para tratarmos, nesta e na seguinte seção, das atribuições administrativas, deixando aquelas para serem indicadas em último lugar.

Assim, pois, examinaremos presentemente as que lhes competem, na qualidade de delegados da administração geral ou central.[93]

272. Sendo estes Presidentes os primeiros administradores nas províncias, e consequentemente suas primeiras autoridades, a eles incumbe não somente executar as leis, como também fazê-las executar por todos os funcionários e empregados, que se achem nas respectivas circunscrições territoriais.

Em consequência, compete-lhes:

273. I. Regularizar todos os serviços administrativos, que devam ser realizados em suas respectivas províncias, e que não estejam afetos à administrações especiais, imediatamente dependentes do poder central.[94]

Para esse fim, tem eles a atribuição de inspecionar todas as repartições, para conhecerem o estado delas e darem as providencias necessárias para que estejam e se conservem segundo as leis.[95]

---

93 Lei de 3 de outubro de 1834.

94 Constituição, art. 166; Ato Adicional, art. 24, § 4°; Lei de 3 de outubro de 1834, art. 5 § 5°.

95 Lei de 3 de outubro de 1834, art. 5°, § 3°.

Em consequência, podem, para o mesmo fim, exigir de todos os empregados, as informações e esclarecimentos, que julgarem convenientes.[96]

274. II. Prover os empregos que a lei lhes incumbe, e provisoriamente aqueles, cuja nomeação pertença ao Imperador;[97] exceto, quando a mesma lei tem determinado o substituto, que deva funcionar no lugar vago, até que seja nomeado e entre em posse o respectivo funcionário.[98]

275. III. Receber juramento e dar posse aos empregados, cujo exercício se estender a toda a província ou a uma só comarca.[99]

Em consequência, quando os empregados não são daqueles, cujo exercício se estende a uma comarca pelo menos, não é ao Presidente da província, porém sim aos respectivos superiores, e, na falta destes, às câmaras municipais, que compete lhes tomar o juramento e dar-lhes posse.[100]

Mas, não obstante, como as reuniões das câmaras são periódicas, e muitas vezes não é possível reunirem-se extraordinariamente com prontidão, estes mesmos empregados prestam juramento nas mãos do Presidente da província, ou do juiz de Direito da comarca, que, para esse fim e para lhes dar a posse, em caso de urgência, foram autorizados por ato governamental; devendo eles, porém, fazer às respectivas câmaras as devidas comunicações, como determina o Aviso n. 87, de 11 de abril de 1849.

---

96 Lei de 3 de outubro de 1834, art. 5º, § 2º.

97 Lei de 3 de outubro de 1834, art. 5º, § 6º.

98 Circul. de 25 de julho de 1842.

99 Lei supr. cit. art. 5º § 10.

100 Lei de 1º de outubro de 1828; Lei de 4 de dezembro 1830; Código do Processo arts. 50 e 51.

276. IV. Conceder licença aos empregados públicos, não excedendo esta o prazo de três meses, havendo para isso justo motivo.[101]

Portanto, é de regra que os Presidentes, para concederem tais licenças, devem primeiramente ouvir as autoridades, sob cujas ordens estejam imediatamente os empregados, que as solicitarem, sobre a veracidade e procedência das razões, que alegarem; porquanto, exigindo a lei a existência de motivo justo, se este não for notório, nem constar evidentemente de documentos que acompanhem o pedido, não poderão verificá-lo, senão mediante informação da autoridade, que, em virtude da relação imediata em que estiver com o solicitante, terá razão de o saber.

Por mais justos, porém, que sejam os motivos pelos quais eles tenham concedido licenças a qualquer empregado, civil, eclesiástico ou militar, uma vez esgotado o prazo de três meses, ainda que a mesma causa perdure, não podem, antes de ter passado um ano depois da última licença, conceder-lhe outra nova, que não seja provisória, sem vencimento e sujeita à aprovação do governo.[102]

277. V. Cometer a empregados gerais negócios provinciais e *vice-versa*.[103]

Nestas comissões recíprocas de negócios gerais e provinciais, para remediarem, quanto possível, a falta de agentes administrativos especiais nas localidades, duas regras devem ser forçosamente observadas, em prol do bom desempenho do serviço público, assim geral como provincial; a primeira é a da compatibilidade do exercício de umas e de outras funções; a segunda é a da analogia entre os serviços de uma e de outra administração.

---

101 Lei de 3 de outubro de 1832, art. 5º § 4º.

102 Decreto de 15 de novembro de 1842.

103 Lei de 3 de outubro de 1834, art. 5º § 7º.

Sem a observância destas duas regras, as acumulações, já por si condenáveis como contrárias à prontidão administrativa, tornam-se ainda mais prejudiciais, porque a execução dos serviços, assim acumulados, além de morosa, será ordinariamente imperfeita, como é evidente.

278. VI. Decidir temporariamente os conflitos de jurisdição que se suscitarem entre as autoridades da província.[104]

Ora, nas províncias, distinguem-se autoridades de duas ordens, administrativa e judiciária, em cada uma das quais, consideradas separada ou conjuntamente, os conflitos podem ter lugar.

Assim podem se suscitar entre autoridades administrativas, entre autoridades judiciárias, e entre estas e as administrativas. No primeiro caso, denominam-se de competência ou jurisdição administrativa; no segundo, de competência ou jurisdição judiciária; no terceiro, simplesmente de jurisdição, como se depreende da Lei de 23 de novembro de 1841, art. 7, § 4º, e do Reg. n. 124 de 5 de fevereiro de 1842, arts. 24 e 25.

Qualquer, porém, que seja a ordem a que pertençam às autoridades, entre as quais os conflitos se levantem; sejam eles positivos, porque ambas as partes entendam ser competentes para o caso; ou negativos, porque ambas se julguem incompetentes; a decisão provisória que sobre os mesmos deve ser proferida, é da competência do Presidente da respectiva província,[105] seja qual for a autoridade, administrativa ou judiciária, que tenha de proferir a decisão final.[106]

---

104 Lei de 3 de outubro de 1834, art. 5 § 11.

105 Lei de 3 de outubro de 1834, art. 5, § 11; Decreto R. de 5 de fevereiro de 1842; Decreto de 20 de janeiro de 1859, art. 20; Av. de 9 de dezembro de 1835.

106 Cit. Decreto de 29 de janeiro de 1829, art. 1º; Lei de 23 de novembro de 1841, art. 7, § 4º; Lei de 22 de novembro de 1828, art. 2º, § 6º; Lei de 18 de setembro de 1828, art. 5º.

279. VII. Suspender os empregados públicos nos termos da lei e promover sua responsabilidade.[107]

Esta atribuição, que se traduz em um dever para os Presidentes, era compreensiva de todos os empregados, sem exceção alguma; porquanto, a Lei de 3 de outubro de 1834, art. 5º, § 8º, os autoriza a suspenderem a qualquer empregado por abuso, omissão ou erro cometido em seu ofício, promovendo imediatamente sua responsabilidade; observando-se, a respeito dos magistrados, o que se acha disposto no art. 17 da Lei de 14 de junho de 1831, que marcou as atribuições da regência.

Atualmente, porém, é corrente que, em referência aos magistrados, esta atribuição presidencial não tem vigor, como muito bem o estabeleceu a Circular de 29 de janeiro de 1844, declarando afinal que os Presidentes de província não podem suspendê-los.

E de fato, tendo a Constituição atribuído à competência privativa do Poder Moderador a suspensão dos magistrados,[108] a Lei de 14 de junho de 1831, marcando as atribuições da regência, só a esta, que tinha de atuar em nome do Imperador, e não aos Presidentes de província cumulativamente, podia ela conferir tal atribuição, sem ofensa da disposição constitucional.[109]

Consequentemente, o art. 17 desta lei, ao qual se refere o art. 5 § 8º de 3 de outubro de 1834, era evidentemente inconstitucional, em tanto quanto conferia a estes Presidentes a atribuição, então privativa do Poder Moderador, de suspender magistrados.

Sendo assim, e não lhes tendo dado o Ato Adicional essa atribuição, da qual também se acham revestidas atualmente as

107 Lei de 3 de outubro de 1834, art. 5, § 8.

108 Constituição, art. 98, e 101, § 7.

109 Constituição, art. 178.

Assembleias Legislativas Provinciais;[110] não podia ela lhes ser conferida pela Lei de 3 de outubro de 1834, nem mesmo referindo-se a de 14 de junho de 1831, por ser matéria constitucional.[111]

Assim, pois, com razão, declarou a referida Circular de 29 de janeiro de 1844, que os Presidentes de província não podem suspender os magistrados, não obstante a disposição do citado art. 5º § 8º da Lei de 3 de outubro de 1834, porque, sendo ela inconstitucional no que lhes diz respeito, não pôde ter vigor.

280. VIII. Dispor da força a bem da segurança e tranquilidade da província.[112]

Como delegados do poder central, ao qual compete prover a tudo que for concernente à segurança interna e externa do Estado, na forma da Constituição,[113] a estes Presidentes também incumbe manter, nas respectivas províncias, a segurança e a tranquilidade pública.

Quando, pois, esta segurança estiver em perigo, quando a tranquilidade pública for perturbada, é de seu dever defender a província, e restabelecer ali a ordem necessária, empregando para isso a força, assim de terra, como de mar, que se achar estacionada nos portos de sua jurisdição.[114]

281. IX. Cumprir todas as ordens e decretos do governo sobre qualquer objeto da administração da província,[115] participando-lhe os embaraços que encontrarem na execução, tanto das leis, como das mesmas ordens e decretos, e bem assim todos os

---

110 Ato Adicional, art. 11 § 7º.

111 Constituição, art. 98, 101 § 7º e 178; Ato Adicional, art. 11 § 7º.

112 Lei de 3 de outubro de 1834, art. 5 § 4º.

113 Constuição, art. 102 § 15º.

114 Lei de 3 de outubro de 1834, art. 5 § 4º; Decreto de 31 de janeiro de 1857, art. 32; Decreto de 22 de janeiro de 1863, art. 10.

115 Lei de 3 de outubro de 1834, art. 5 § 9º.

acontecimentos notáveis, que tiverem lugar na província ou suas imediações; ajuntando-lhes reflexões sobre sua origem, circunstâncias e resultados, como preceitua a citada Lei de 3 de outubro de 1834, no art. 5º § 12.

Como é manifesto, esta atribuição é inerente ao seu caráter de representantes do poder central nas províncias. Porquanto, devendo este poder remover todos os obstáculos que se opuserem à execução das leis, e prevenir todos os incidentes que possam prejudicar a permanência tranquila da ordem pública; a ciência de semelhantes ocorrências, bem como os esclarecimentos indispensáveis, para que ele possa tomar as medidas que forem necessárias, devem lhe ser prestado pelos respectivos Presidentes, porque são eles que ali o representam.[116]

282. X. Informar com brevidade os requerimentos ou representações, que, por seu intermédio, se fizerem ao governo.[117]

Com efeito, todos os que estão na província, particulares ou empregados públicos, salva quanto a estes uma ou outra exceção, não podem se comunicar com o poder central, senão por intermédio, dos respectivos Presidentes.[118]

Em consequência, sendo eles, nas províncias, os representantes deste poder, cumpre esclarecê-lo, com suas informações, acerca da pretensão do empregado, ou do particular, que, por seu intermédio, lhe dirige um requerimento ou representação.[119]

Assim, pois, ainda neste caráter, os Presidentes de província são os elos que, na ordem administrativa, prendem ao poder

---

116 Circul. de 19 de novembro de 1859.

117 Lei de 3 de outubro de 1834, art. 5 § 13.

118 Decreto n. 632 de 27 de agosto de 1849.

119 Circul. n. 56 de 17 de fevereiro de 1863.

central todos os administrados, de qualquer graduação, existentes nas províncias a seu cargo.

283. XI. Finalmente, conhecer dos abusos das autoridades eclesiásticas, ou por usurpação de jurisdição que tenham cometido, ou por violência que tenham praticado contra qualquer administrado, como se vê do Reg. n. 124, de 5 de fevereiro de 1842, art. 30.

284. Ora, esta simples indicação das atribuições gerais dos Presidentes de província, como agentes do poder central, manifesta, por si só, quão pesado é o cargo que eles exercem; tanto mais quanto, nas respectivas províncias, e ainda sob o mesmo caráter, a sua administração abrange todos os ramos de serviços pertencentes a cada um dos ministérios.

Entretanto, como já foi observado, eles são ao mesmo tempo, chefes da administração dos negócios puramente provinciais, e, como tais, exercem ainda outras atribuições, que vão ser indicadas.

Seção III – Das atribuições dos Presidentes de província, como chefes das administrações provinciais

§ I. Das atribuições, que exercem os Presidentes de província, como chefes da hierarquia administrativa provincial

285. Como chefes das administrações provinciais, os Presidentes de província devem ser considerados não somente como executores das leis, que emanam das respectivas Assembleias Legislativas;[120] mas também como superiores hierárquicos dos empregados públicos, no exercício de funções administrativas.

120 Ato Adicional, art. 24, § 4.

Com efeito, conquanto a organização das nossas administrações, assim geral como provinciais, seja imperfeita por falta de agentes especiais, que as representem nas circunscrições mais restritas, como os municípios; contudo, como já se fez observar, a Lei de 3 de outubro de 1834, art. 5º, § 7º, para sanar, quanto possível, este defeito, atribuiu aos Presidentes de província a faculdade de cometer a empregados gerais negócios provinciais, e *vice-versa*; sujeitando-os assim, nestas relações, às suas ordens e direção.

Neste sentido, pois, há realmente, nas províncias, uma hierarquia administrativa, composta de agentes auxiliares dos respectivos Presidentes.

286. Ora, como chefes dessa hierarquia, têm eles em suas províncias as atribuições de receber o juramento e dar posse a todos os empregados públicos, em geral; de nomear e demitir os provinciais; de exercer sobre eles a necessária inspeção; de lhes conceder licenças até três meses, de os suspender e de promover sua responsabilidade.[121]

§ II. Das atribuições dos Presidentes de província, como executores das leis provinciais e chefes administrativos

287. I. Considerados os Presidentes na qualidade de executores das leis provinciais, e primeiros administradores das províncias, pode-se dizer, em síntese, que são das suas atribuições, em primeiro lugar, todos os serviços concernentes às matérias, sobre as quais as Assembleias Provinciais podem legislar.

Em consequência, compete-lhes promover, dirigir e fiscalizar todos os trabalhos de execução, relativos à organização da estatística da província; à catequese e civilização dos indígenas, e ao

121 Cit. Lei de 3 de outubro de 1834, art. 5.

estabelecimento de colônias; à polícia administrativa e econômica dos municípios; aos socorros públicos; às casas de prisão, trabalho e correção; às associações políticas e religiosas; à instrução pública; à divisão territorial, judiciária, civil e eclesiástica; à criação e supressão de empregos municipais e provinciais, com seus ordenados; às estradas e navegação no interior da província não pertencentes à administração geral do Estado; à conservação, defesa e aproveitamento dos bens provinciais; ao orçamento das despesas provinciais e municipais, e dos impostos para elas necessários; à autorização de empréstimos para as câmaras municipais; à fixação da força policial da província; às obras públicas provinciais; às desapropriações por utilidade municipal ou provincial.[122]

Todas estas matérias são evidentemente administrativas; porquanto, prendendo-se unicamente ao interesse público, ao bem-estar e desenvolvimento da província, e não do Estado, ao menos diretamente, elas especializam-se, como é manifesto, caracterizando-se pela localidade.

288. II. Mas, além dessas atribuições, estes Presidentes, como primeiros administradores, têm mais a de instruir as Assembleias Legislativas Provinciais sobre o estado atual das respectivas províncias, e sobre as medidas que por elas devam ser tomadas em previsão do futuro.[123]

Conseguintemente, incumbe-lhes não somente prestar às mesmas assembleias todas as informações concernentes ao estado dos negócios da província, em todas as suas relações, especificadamente, abrangendo ao mesmo tempo todos os interesses de leis gerais, relativos a atos praticados dentro do território provincial; como também lhes indicar todas as providências, que por elas possam e devam ser tomadas, para o fim de promoverem a prosperidade e engrandecimento das respectivas províncias, como é do seu dever.

---

122 Ato Adicional, arts. 10 e 11.

123 Ato Adicional, arts. 8.

289. No desempenho deste encargo, que lhes impõe a lei, os Presidentes de província, dirigindo-se às Assembleias Provinciais, na sessão de instalação, apresentam-lhes um relatório, em que lhes dão contas dos regulamentos expedidos, desde a sua última reunião; dos contratos celebrados, para qualquer fim, no interesse provincial; das subvenções prestadas; das obras públicas realizadas ou em andamento; do estado das indústrias, da agricultura e do comércio em suas províncias; das instituições de beneficência e caridade; da instrução pública, com seu pessoal e organização; da observância ou infrações da Constituição e leis gerais no território provincial; das queixas e reclamações contra magistrados, não excetuados;[124] do estado da segurança pública; em suma, de tudo quanto possa ser objeto das atribuições destas assembleias, e que das mesmas reclamem as providências, que os Presidentes devem indicar sobre cada uma das espécies, de que tratarem em seus relatórios.

290. Do que fica exposto, é consequente que as bases para esses relatórios devem ser tomadas das disposições dos arts. 10 e 11 do Ato Adicional. Eles, porém, podem compreender, em sua descrição, maior ou menor número de espécies de serviços, de uma para outra província, de uma para outra presidência, pois que nem todas as províncias, nem uma mesma província, têm, em todos os tempos, as mesmas instituições, as mesmas obras públicas, a mesma organização de serviços administrativos.

À parte o que há de geral e permanente na ordem administrativa provincial, tudo o mais depende das circunstâncias, ou do maior, ou menor desenvolvimento de cada província.

124 Lei de 12 de maio de 1840.

§ III. Das secretarias dos Presidentes de província e mais repartições administrativas provinciais

291. As secretarias das presidências divergem entre si, quanto ao número das repartições; porquanto, à medida que os serviços administrativos se aumentam em cada classe, tornando cada uma delas objeto de especial cuidado, aparece a necessidade de serem convertidas em repartições as diferentes seções, por onde até então eram eles expedidos.

292. Qualquer, porém, que seja o número das repartições administrativas provinciais existentes em cada província, há três, que, de necessidade, em todas devem existir, e são as seguintes:

1ª A secretaria do governo, que é o centro de todo o movimento da administração na província, assim em referência aos interessas que lhe são peculiares, como relativamente aos que são gerais;

2ª A secretaria militar, correspondente aos elementos de defesa e de segurança pública, que estão ao cargo dos Presidentes em suas províncias.

3ª O tesouro provincial, onde vão ter todas as rendas da província, e por onde se fazem todos os pagamentos das despesas e dívidas, que lhe são próprias.

293. Além destas três repartições, outras podem existir nas províncias, como as de obras públicas, e de instrução pública, tendo todas, como as primeiras, seus respectivos chefes, superiores aos das seções em que estejam divididos.

CAPÍTULO II – DOS ÓRGÃOS CONSULTIVOS DOS PRESIDENTES DE PROVÍNCIA

294. I. Como tivemos já ocasião de ver, os Presidentes de província têm competência para exigirem dos empregados as

informações e participações, que julgarem convenientes para a boa execução das leis.[125]

Ora, sendo assim, e sendo certo que a mesma lei, que lhes deu tal competência, extinguiu o conselho da presidência;[126] torna-se manifesto que ela lhes deu como órgãos consultivos, em substituição desse conselho, todos os empregados públicos, que exercem nas províncias as suas funções.

Em consequência, os Presidentes de província podem exigir, não somente dos chefes das diferentes repartições, como também de quaisquer outros funcionários ou empregados, de qualquer classe ou graduação que sejam, que lhes deem seus pareceres sobre qualquer assunto de serviços ao seu cargo.

295. II. Esta organização, porém, quanto aos órgãos de consulta nas administrações das províncias, não é regular e completa; porquanto:

1º As funções consultivas ficam afetas a agentes ativos ou executivos, como são os chefes das diferentes repartições; quando, entretanto, é certo que elas devem ser confiadas a agentes especiais, que não exerçam outras;

2º Além disso, aqueles mesmos agentes, atualmente encarregados de tais funções, são incompetentes para ilustrarem os Presidentes acerca de todos os ramos de serviços a seu cargo, porque muitos há, da competência da administração geral, que lhes são completamente estranhos;

3º Finalmente, com semelhante organização consultiva, não há possibilidade de manter-se a continuidade das tradições administrativas; porquanto, as consultas sendo feitas a diferentes agentes, acidentalmente, sobre ramos diversos e sem classificação, não é

---

125 Lei de 3 de outubro de 1834, art. 5º, § 2º.

126 Lei de 3 de outubro de 1834, art. 12.

possível conservar-se uma série ordenada de estudos e de decisões, para serem aproveitadas, quando se derem as mesmas hipóteses.

296. III. Cumpre, portanto, que o Poder Geral Legislativo, que para tanto tem competência na latitude da disposição do art. 166 da Constituição, organize convenientemente as funções consultivas, que devem estar ao lado das executivas, nas administrações das províncias, criando de novo, para esse fim, um conselho de presidência, que, sem os defeitos do antigo, possa preencher perfeitamente a sua missão.

Com efeito, não é de simples conveniência, mas de necessidade para o bom andamento das administrações das províncias, que os respectivos Presidentes tenham junto de si um conselho que os ilustre, e que lhes prepare os trabalhos; porquanto, atentas as qualidades, de que eles se revestem, de representantes do poder central e de chefes das administrações provinciais, e o número indefinido de serviços de uma e de outra ordem a seu cargo, compreende-se que, sem um tal conselho, a sua administração será morosa; as suas decisões desacertadas, as mais das vezes, por não terem tempo suficiente para exames e estudos, que são necessários.

Assim, pois, é evidente que a criação de um conselho de presidência, perfeitamente organizado, é de manifesta necessidade.[127]

CAPÍTULO III – DO PODER COERCITIVO DOS PRESIDENTES DE PROVÍNCIA

297. I. Tendo os Presidentes de província, em razão de sua autoridade, no caráter de representantes do poder central e de chefes hierárquicos das administrações provinciais, o poder de mando e ordem, com força obrigatória, dentro dos limites das províncias,

---

127 VISCONDE DO URUGUAY. *Direito Administrativo*, cap. 25; PIMENTA BUENO. *Direito Público*, cap. 6º, seção 1ª § 4º.

que administram, do mesmo modo que tem nele o governo dentro dos limites do Império;[128] é de rigorosa consequência, que, ao lado desse poder, tenham eles também o de se fazerem obedecer.

Por essa razão, pertence-lhes a faculdade não só de impor administrativamente as penas disciplinares, designadas nas leis e regulamentos, contra os desobedientes, como também a de empregar contra eles a força armada, em casos extremos, para levarem à efeito as suas próprias ordens, ou as do governo; porquanto, assim procedendo, atuam constitucionalmente, dentro dos limites de suas atribuições.

298. II. Com efeito, não repugna à Constituição que os Presidentes de província, como qualquer outra autoridade administrativa, possam impor penas disciplinares aos seus subalternos, até mesmo a de prisão, para o fim de os corrigirem de faltas leves e de pequenas omissões no cumprimento de seus deveres. Porquanto, muito embora a lei fundamental tenha estabelecido, como regra, que ninguém pode ser sentenciado, senão pela autoridade competente, em virtude de lei anterior, e na forma por ela prescrita;[129] muito embora tenha atribuído essa competência ao Poder Judicial, assim no cível como no crime;[130] muito embora tenha igualmente declarado que ninguém pode ser preso sem culpa formada, fora dos casos expressos nas leis;[131] todavia, excetuou aqueles *que não são puramente criminais, e em que, não obstante, a lei determina a prisão de alguma pessoa por desobedecer aos mandados da justiça, ou não cumprir alguma obrigação dentro de determinado tempo.*[132]

---

128 Av. de 1 de agosto de 1837.

129 Constituição, art. 179 § 11º.

130 Constituição, art. 151.

131 Constituição, art. 179 § 8º.

132 Constituição, art. 179 § 10º.

Ora, de harmonia com estas disposições, o Poder Geral Legislativo, tendo determinado, no Código Criminal, os casos em que o Poder Judicial deve funcionar *no* crime,[133] declarou, no art. 310, que todas as ações ou omissões, que ele ali não considera como criminosas, não sujeitariam à pena alguma. Desta regra, porém, excetuou *às ações ou omissões não declaradas no mesmo código, e que não são puramente criminais, as quais, entretanto, pelos regimentos das autoridades e leis sobre o processo esteja imposta alguma multa ou outra pena, pela falta do cumprimento de algum dever ou obrigação.*[134]

Conseguintemente estão de acordo com a Constituição as leis, que conferem às autoridades administrativas, e, portanto, aos Presidentes de província, a faculdade de impor penas disciplinares aos seus subalternos, de conformidade com os seus respectivos regimentos.

299. Quando, porém, as faltas por eles cometidas forem de tal sorte graves, que se convertam em crimes, não são mais os Presidentes, nem outras quaisquer autoridades administrativas, os competentes para lhes impor as penas que lhes forem devidas; porquanto, aos juízes e tribunais judiciários, e não a essas autoridades, é que foi dado pela Constituição o poder de julgar os criminosos.[135]

300. III. Além das penas disciplinares que os Presidentes podem impor aos seus subalternos, em punição de pequenas faltas ou omissões, têm eles mais, como dissemos, o poder de empregar contra os desobedientes a força armada para levarem a efeito as ordens próprias ou do governo, contra toda a oposição e resistência.

Com efeito, como em outro lugar já temos visto, estando ao cargo destes Presidentes não somente a defesa das respectivas

---

133 Constituição, arts. 151 e 179 § 17.

134 Código Criminal, art. 310.

135 Constituição, art. 152.

províncias, como também a manutenção da ordem e da tranquilidade pública, que nelas devem existir, é da sua competência empregar a força armada, assim para repelir quaisquer agressões, como para reprimir os desordeiros que, por seus atos de violência lancem a perturbação na sociedade.[136]

Ora, nestas condições estão todos aqueles, que, não querendo obedecer às ordens, que partem dos Presidentes, em suas províncias, se opõem violentamente a que elas ali sejam cumpridas ou executadas.

Contra estes, pois, podem eles empregar a força armada, como recurso extremo.

301. Sendo assim, conclui-se que os Presidentes de província se acham, com efeito, revestidos do poder coercitivo; devendo, porém, quanto à imposição de penas, respeitar sempre as barreiras, que separam as órbitas de ação dos Poderes Administrativo e Judiciário, como acima foi observado.

CAPÍTULO IV – DA PUBLICAÇÃO E REFORMA DOS ATOS ADMINISTRATIVOS EMANADOS DOS PRESIDENTES DE PROVÍNCIA

Seção I – Da publicação dos atos da presidência

302. I. Devendo ser obrigatórios em toda a província, sujeita à autoridade de cada um dos respectivos Presidentes, os atos que emanam deles, do mesmo modo que o devem ser em todo o Império os que partem do poder central, é de necessidade que eles sejam publicados para o fim de chegarem ao conhecimento daqueles, que os devem observar; porque, do contrário, a desobediência e infrações,

136 Lei de 3 de outubro de 1834, art. 5 § 4º.

cometidas pelos seus subordinados, não poderiam ser punidas com justiça, nem ao menos correcionalmente, como é evidente.[137]

Assim, pois, estão sujeitos à necessidade da publicação não somente os regulamentos, as ordens e instruções, de que trata o art. 24, § 4º do Ato Adicional; como também as resoluções, deliberações e decisões por eles tomadas sobre qualquer assunto da sua competência.

303. II. Ora, dentre os atos presidenciais, há uns que são de observância comum, como os regulamentos e instruções para a execução das leis, pois que se referem a assuntos que interessam a toda a província; há outros, porém, mais restritos, como as resoluções, decisões e ordens, referentes a espécies ou serviços certos e determinados, em relação a esta ou aquela pessoa, a esta ou aquela localidade.

Em consequência, os primeiros devem ser publicados com as leis provinciais; os últimos, porém, por editais, ou por simples notificação, segundo se referem a coletividades ou a individualidades.

Seção II – Da reforma dos atos administrativos dos Presidentes de província

204. Os atos administrativos, que partem dos Presidentes de província, ainda depois de publicados, em regra, são reformáveis, tanto por aqueles que os praticaram, como por seus sucessores.

Com efeito, estes Presidentes, atuando, agem, ou em virtude da autoridade que lhes é própria, ou em virtude de delegação especial que lhes tenha sido feita.

No primeiro caso, os atos por eles praticados podem ser de atribuição espontânea, ou de atribuição jurisdicional graciosa ou

---

137 Código Criminal, art. 3º.

contenciosa; no segundo, porém, podem ser de uma ou de outra atribuição, segundo as faculdades, que lhes tiverem sido delegadas.

Ora, em um e outro caso, os seus atos são por eles reformáveis, conforme a espécie.

Porquanto, se não são de jurisdição contenciosa, cuja reforma, por via de recurso, pertence à competência do Tribunal Superior;[138] se não criam em favor de administrados um direito, do qual não podem ser privados discricionariamente, nos termos expressos da lei;[139] se não servem de fundamento a uma sentença, com a qual tenham adquirido a estabilidade de coisa julgada; se não foram adotados como medidas gerais, convertendo-se assim em atos dos Poderes centrais: não há causa alguma que os impeça de reformá-los, acompanhando as necessidades públicas em sua mutabilidade nas províncias; ficando, porém, salvo o caso de proibição em contrário, quanto aos atos praticados em virtude de delegação.

Em consequência, sempre que a reforma dos atos administrativos, emanados dos Presidentes de província, não for de encontro a um direito adquirido, ou à qualquer determinação dos Poderes centrais, poderá ser efetuada, assim pelos próprios, que os praticarão, como por seus sucessores, ainda depois de publicados.

CAPÍTULO V – DAS FUNÇÕES POLÍTICAS DOS PRESIDENTES DE PROVÍNCIA

305. I. Além das atribuições administrativas, que podem ser exercidas por estes Presidentes, tanto em seu caráter de agentes diretos da administração geral, como no de chefes das administrações das províncias, outras lhes são conferidas diretamente pelo Ato Adicional em referência às Assembleias Legislativas Provinciais.

---

138 Regulamento de 5 de fevereiro de 1842, art. 45.

139 Constituição, art. 179 § 22.

Assim é, com efeito, que a eles compete convocar, ordinária ou extraordinariamente, essas assembleias; prorrogar ou adiar suas sessões; sancionar, promulgar e suspender suas leis.[140]

306. II. Ora todos estes atos não são de simples administração, porém, sim, políticos; e por isso, no exercício deles, os Presidentes de província não procedem em nenhuma das supraditas qualidades, mas no caráter de representantes do poder governamental, como se demonstra facilmente.

307. Com efeito, a convocação, a prorrogação e o adiamento das Assembleias Legislativas Provinciais, bem como a sanção, a publicação e a suspensão de suas leis, não são atos administrativos; porquanto, tendo as funções da administração por objeto tão somente as matérias, sobre as quais se estabelecem relações entre os interesses coletivos da sociedade e os interesses e direitos individuais, os atos realizados no exercício delas, não podem ultrapassar essas matérias, sobre as quais baseiam-se tais relações.

Por conseguinte, não podendo a administração ir além do seu objeto, por ele deve circunscrever todos os atos que pratica, assim de gerência como de poder, nos diferentes ramos do serviço público a seu cargo.

Ora, os atos supra referidos, e que devem ser realizados pelos Presidentes de província, em suas relações diretas com as Assembleias Legislativas Provinciais, não são concernentes a matérias sobre as quais os interesses coletivos da sociedade estejam em relação com os interesses e direitos individuais; porquanto, eles não são, evidentemente, nem de gerência, nem de poder, que tenham por objeto quaisquer serviços em cuja execução possam afetar, de qualquer modo, esses direitos e interesses.

140 Ato Adicional, arts. 15, 16 e 24.

Conseguintemente, semelhantes atos, realizáveis nas relações entre pessoas públicas e completamente estranhas aos direitos e interesses particulares, não podem ser considerados como administrativos; porém, sim, como políticos, prendendo-se à observância de uma lei fundamental, qual é o Ato Adicional à Constituição do Império.

308. Demais, como diz Leão Aucoc, quando se distingue o governo da administração, entende-se dever colocar em uma categoria especial a direção dos negócios, para os quais se reserva a denominação de políticos; isto é, *as relações do chefe do Estado com os grandes corpos do Estado*. Mas, segundo o mesmo autor, são exemplos de tais relações – a convocação dos eleitores para a eleição de deputados ao corpo Legislativo; a convocação do mesmo corpo e do senado; a prorrogação e o encerramento das suas sessões; bem como a dissolução da câmara temporária.

Conseguintemente, aceita a definição, todos estes atos são políticos. Ora, nestas mesmas condições estão manifestamente aqueles atos de que tratamos.

Com efeito, as Assembleias Legislativas Provinciais, no exercício das suas funções, são verdadeiros corpos de Estado, por que, procedendo das urnas eleitorais, exercem atribuições próprias, que lhes são conferidas diretamente pela lei fundamental.[141]

Os Presidentes de província, enquanto representantes do poder central, são verdadeiros delegados do Imperador, a quem, como chefe do Estado e do Poder Executivo, incumbe observar e fazer observar a Constituição e mais leis do Império, e prover ao bem geral do Brasil.[142]

---

141 Ato Adicional, arts. 10, 11, 12 e 20.

142 Constituição, art. 103.

Por conseguinte, a convocação, a prorrogação e o adiamento destas assembleias, bem como a sanção, a publicação e a suspensão de suas leis pelos Presidentes de província, como delegados do chefe do Estado, não são atos administrativos, mas sim políticos, como temos dito.

309. III. Sendo de caráter político as atribuições destes Presidentes, em suas relações diretas com as Assembleias Provinciais, como ficou demonstrado; segue-se, consequentemente, que eles, no exercício delas, atuam na qualidade de representantes do poder governamental, ao qual compete a direção política ou geral do Estado.

Em consequência, é nesta qualidade, que cada Presidente, em sua província, observa e faz observar a lei fundamental, convocando a Assembleia Provincial para as sessões anuais;[143] suspendendo a publicação de suas leis, quando ofensivas à Constituição, às leis gerais, aos direitos de outras províncias, e aos tratados com as potências estrangeiras; dirigindo ao governo os projetos de leis provinciais não sancionadas, com as razões porque não as sancionou;[144] em suma, praticando todos os demais atos nestas relações.

310. Assim, pois, pode-se concluir que os Presidentes de província, como delegados do poder central, exercem não somente funções administrativas referentes a serviços de interesse geral; mas também políticos, em tanto quanto moderam a ação das Assembleias Legislativas Provinciais, contendo-as dentro dos justos limites de suas atribuições constitucionais; defendendo destarte o princípio de unidade, que deve ser mantido nas instituições fundamentais do Estado.

---

143 Ato Adicional, art. 24.

144 Ato Adicional, art. 16.

CAPÍTULO VI – DA SUPERIORIDADE RELATIVA DOS PRESIDENTES DE PROVÍNCIA SOBRE AS ASSEMBLEIAS LEGISLATIVAS PROVINCIAIS

311. Exercendo os Presidentes de província as atribuições, que ficaram indicadas no capítulo antecedente, em suas relações diretas com as Assembleias Legislativas Provinciais, suscita-se a questão de saber se, em referência às mesmas, a sua autoridade é sempre superior.

312. Sem dúvida que estes Presidentes, enquanto delegados do poder central, e representantes do poder político governamental nas províncias, são ali superiores às respectivas Assembleias Legislativas, nas relações que com elas sustentam nesta qualidade, como foi demonstrado. Quando, porém, considerados simplesmente como chefes da administração dos negócios puramente provinciais, lhes são inferiores; porquanto, nestas relações, aquelas assembleias podem promulgar leis, que os Presidentes devem executar, muito embora lhes tenham recusado a sua sanção.

313. Com efeito, por disposição expressa do art. 15 do Ato Adicional, se o Presidente de província julgar que deve negar a sanção ao projeto, por entender que não convém aos *interesses da província*, o mandará voltar à Assembleia Legislativa Provincial; *expondo debaixo de sua assinatura as razões em que se fundou.*

Ora, se neste caso, submetido o projeto à nova discussão, for adotado por dois terços dos votos dos membros da assembleia, *tal qual* é, ou modificado no sentido das razões do Presidente, e de novo lhe for enviado, ele *o sancionará.*

Mas, se, contra essa disposição imperativa, o Presidente ainda deixar de o sancionar, determina o art. 19 do mesmo Ato, que, nesse caso, a mesma assembleia o mandará publicar, com a assinatura do seu Presidente, e com a declaração de lhe ter sido recusada a sanção pelo Presidente da província, apesar de terem sido preenchidos os requisitos do cit. art. 15.

Conseguintemente, publicada a lei nestas condições, o Presidente da província não pode suspendê-la, firmando-se na atribuição, que lhe confere o referido Ato no art. 24 § 3º, porque, de outro modo, seria burlada a determinação contida no cit. art. 19.

Assim, pois, não obstante, o seu juízo contra a conveniência da lei aos *interesses da província*, e a sua consequente recusa reiterada de a sancionar, tem de lhe dar execução, pois que não lhe é dado suspendê-la.

314. Outro tanto, porém, não acontece, quando a sua recusa reiterada baseia-se em que, em seu entender, a lei ofende a Constituição, os direitos de outras províncias, os impostos gerais, ou os tratados celebrados com as nações estrangeiras;[145] porque, em qualquer destes casos, suspende o Presidente da província a sua publicação, remetendo-a ao governo, com as razões que alegou, para serem presentes à Assembleia Geral Legislativa, à qual compete decidir definitivamente, se ela deve ser sancionada ou não.[146]

315. Sendo assim, pode-se, pois, concluir que, enquanto os Presidentes de província atuam simplesmente como chefes da administração provincial, zelando unicamente dos interesses peculiares das respectivas províncias, e as Assembleias Provinciais funcionam dentro dos justos limites das suas atribuições, eles lhes são inferiores, visto como, nestas relações, elas podem mandar, e eles devem executar.

Exorbitando, porém, essas assembleias das suas atribuições, falha a sua autoridade diante da dos Presidentes de província, que, como representantes do poder político, suspendem os efeitos de seus atos, em observância das instituições fundamentais.

---

145 Ato Adicional, arts. 12, 16 e 20.

146 Ato Adicional, arts. 16.

Em conclusão, pois, estes Presidentes, enquanto representantes do poder central, são superiores às Assembleias Provinciais; não assim, enquanto chefes das administrações dos negócios peculiares de cada província, como parece ter ficado demonstrado.

CAPÍTULO VII – DO PODER QUE SE DESENVOLVE NAS ADMINISTRAÇÕES PURAMENTE PROVINCIAIS

316. I. Na ordem administrativa dos negócios imediatamente relativos aos interesses peculiares de cada província, as Assembleias Legislativas Provinciais exercem o poder de legislar com autoridade própria; porquanto, como no capítulo anterior ficou demonstrado, enquanto elas atuam indubitavelmente dentro dos justos limites das suas atribuições, podem ordenar por suas leis, sem que ao Presidente da província seja lícito deixar de executá-las.

317. Ora, no exercício das suas funções legislativas, estas assembleias procedem manifestamente como corpos administrativos, visto como, para providenciarem sobre aqueles interesses, elas têm de aplicar sua atenção às diferentes localidades de suas províncias; têm de se ocupar de questões de detalhe e de minudências, que lhes sejam relativas.

Em consequência, o poder, que exercem legislando, tem por objeto matérias exclusivamente administrativas; porquanto, não podendo afetar os interesses gerais da nação, limita-se a localidades, como são as províncias, recaindo ali mesmo, as mais das vezes, sobre serviços especiais.

Sendo assim, cumpre indagar de onde vem para estas assembleias o poder de estabelecer leis sobre tais matérias; bem como, para os Presidentes de província, a atribuição de as executar.

318. II. Anteriormente temos reconhecido que, em razão da extensão dos serviços administrativos quanto ao interesse, a

administração pode ser naturalmente dividida em geral e local; podendo esta, porém, ficar sob a direção, ou simples inspeção e fiscalização da primeira. Porquanto, constituindo as diferentes circunscrições territoriais o todo do território da nação, e formando os diferentes agrupamentos de seus habitantes o conjunto da população nacional; não podem as administrações locais deixar de ser vinculadas de algum modo aos Poderes centrais, sem quebra do princípio unitário da sociedade, que o Estado representa.

319. Este vínculo, porém, pode ser mais ou menos apertado, mais ou menos frouxo, conforme a índole das instituições fundamentais.

Assim é que, com a Constituição do Império, as administrações locais, tanto provinciais, como municipais, eram verdadeiras irradiações dos Poderes centrais; porquanto, os conselhos de província não passavam de simples órgãos de informações junto destes Poderes, acerca das medidas, que deviam ser tomadas em relação às necessidades e interesses peculiares das províncias e dos municípios.

Com efeito, quando tratamos da centralização em face das nossas instituições, demonstramos que, das disposições combinadas dos arts. 71 e 80 a 89 da Constituição, essas necessidades e interesses puramente locais estavam na dependência daqueles Poderes, porque, para a sua administração, as disposições, iniciadas nos conselhos gerais e nas câmaras dos distritos, vinham afinal do Poder Legislativo por sua aprovação; assim como a execução, provisória ou definitiva, vinha do Poder Executivo pelos Presidentes de província.[147]

Conseguintemente, pelo sistema da Constituição, eram os Poderes centrais, Legislativo e Executivo, que, instruídos pelos conselhos gerais de província, se desenvolviam nas localidades por intermédio desses Presidentes.

---

147 Constituição, arts. 102 e 166.

320. Com o Ato Adicional, porém, devidamente interpretado,[148] não são mais estes Poderes que dominam nas administrações locais, de que falamos; porquanto, aqueles que atualmente lhes dão vida e movimento, provêm imediatamente desta lei fundamental.

321. Com efeito, baseada no direito soberano, segundo o qual a nação pode não somente dividir o Poder Público em diferentes ramos, proclamando cada um deles independente, como também subdividi-los, nas mesmas condições, a Assembleia Constituinte, que a representava na confecção do Ato Adicional, segregando os interesses puramente locais daqueles que são gerais, deixou estes, como estavam, ao cargo dos Poderes centrais, e entregou aqueles à competência das Assembleias Legislativas Provinciais, que então criava, para sobre eles legislar; incumbindo aos Presidentes de província a execução das leis, que elas fizessem.[149]

Demarcando-lhes os limites de sua competência legislativa, a mesma Assembleia Constituinte deu-lhes autoridade e independência dos Poderes centrais, assim Legislativo como Executivo, enquanto atuassem dentro das suas legítimas atribuições.[150]

Em consequência, podendo as Assembleias Provinciais legislar sobre as matérias de interesse peculiar das suas províncias, na completa independência do Poder Geral Legislativo, a competência, de que elas gozão, não é manifestamente uma emanação deste poder; mas, por um desmembramento dele, lhes provêm diretamente do Ato Adicional.

322. Suas leis, porém, que, como temos visto, podem fazer valer, na independência do Poder Central Executivo, são, por natureza, administrativas, não somente em razão da matéria, como em razão da extensão da sua obrigatoriedade, que é local.

---

148 Lei de 12 de maio de 1840.

149 Ato Adicional, arts. 1, 10, 11, 12, 20 e 24, § 4º.

150 Ato Adicional, art. 12 e 20.

Assim, pois, o Poder Legislativo destas assembleias é uma criação do Ato Adicional, por desmembramento da competência do poder geral da mesma espécie.

323. Do mesmo modo que, por este desmembramento, foi criado o Poder Legislativo das Assembleias Provinciais, assim também, para dar execução às suas leis, o mesmo Ato Adicional conferiu expressas atribuições aos Presidentes de províncias.[151]

Estas atribuições executivas, portanto, lhes vêm imediatamente desta lei fundamental, e não de uma lei ordinária, como acontece com as demais que eles exercem, como delegados do poder central;[152] ao qual, além disso, não foi dado executar outras leis, que não as que emanassem do Poder Geral Legislativo, único existente pela Constituição.

Em consequência, o poder de executar as leis, que procedem das Assembleias Legislativas Provinciais, não é uma delegação do Poder Central Executivo; porém, sim, uma fração, que lhe foi tirada pelo Ato Adicional, para conferi-la diretamente aos Presidentes de província.

324. Assim, pois, a administração dos negócios exclusivamente provinciais recebe a vida e o movimento de um Poder Legislativo próprio, e de um Poder Executivo também próprio, ambos procedentes direta e imediatamente do referido Ato.

325. III. Não obstante, porém, terem ficado as administrações locais, por este modo, independentes dos Poderes centrais, Legislativo e Executivo;[153] todavia, como elas se desenvolvem dentro de limites determinados por uma lei fundamental, cuja observância deve ser uniforme em todo o Império, devem por isso estar sob

---

151 Ato Adicional, art. 24 § 4º.

152 Constituição, art. 166.

153 Vide nota 139.

a inspeção e fiscalização do chefe do Estado, representado nas províncias pelos respectivos Presidentes, como seus delegados.

Por essa razão, estes Presidentes exercem, nessa qualidade, as atribuições, que lhes confere o mesmo Ato Adicional nos arts. 16 e 24 §§ 1º, 2º e 3º, a fim de que as Assembleias Legislativas Provinciais, reunindo-se e funcionando no devido tempo, não ultrapassem os limites das atribuições que lhes são próprias, para invadirem o domínio dos Poderes centrais.

Tal é administração provincial com os Poderes que a vivificam, e com a inspeção, sob a qual está.

TÍTULO III

DA ADMINISTRAÇÃO MUNICIPAL

CAPÍTULO I – DAS CÂMARAS MUNICIPAIS, SUA RAZÃO DE SER, SUA COMPETÊNCIA E SUBORDINAÇÃO

326. I. Já fizemos observar que os interesses de caráter público, que estão ao cargo da administração, dividem-se naturalmente, e por diferentes causas, em gerais e locais; podendo estes compreender maior ou menor extensão territorial; afetando a um ou mais agrupamentos de habitantes, sem que, todavia, exerçam influência direta e imediata sobre a totalidade nacional.

Baseadas neste princípio da divisão da administração, quanto à matéria, as leis fundamentais do Estado criaram entre nós as administrações central, provincial e municipal; encarregando a primeira dos negócios gerais administrativos; a segunda, dos que interessam às províncias; e a terceira, dos que são próprios ou peculiares de cada município.[154]

---

154 Constituição, arts. 102, 165 e 168; Ato Adicional, arts. 1, 10, 11, 12 e 20.

Assim, pois, a existência de interesses administrativos desta última ordem constitui o fundamento, ou a razão de ser da administração municipal.

327. II. Em consequência, as câmaras municipais, encarregadas desta administração, não podem ter naturalmente sob o seu governo e direção outros negócios, que não sejam os exclusivamente pertencentes aos seus respectivos municípios. Por isso, o legislador constituinte, reconhecendo a necessidade de segregar os interesses municipais daqueles que são gerais, ou provinciais, limitou-lhes a competência e polícia administrativa ao município; dando-lhes por órbita de ação a extensão territorial, que lhes for assinalada pelas Assembleias Legislativas das respectivas províncias.[155]

328. III. Mas, conquanto tenha sido assim reconhecida a necessidade da criação da administração municipal, confiada às câmaras, que devem existir nas cidades e vilas, tendo por objeto definido do seu governo a economia e polícia administrativa do município; contudo, no exercício de suas funções, estas corporações não podem proceder completamente livres e independentes, porque devem estar subordinadas a autoridades mais elevadas.

Com efeito, posto que se reconheça a existência de necessidades e de interesses próprios dessas pequenas sociedades vicinais, e que por isso devem ser deixadas à administração das respectivas câmaras; toda via, como os membros dessas mesmas sociedades fazem parte das provinciais, e, com estas, entram para a comunhão nacional, devem os seus direitos e interesses ficar, antes de tudo, sob a guarda da lei comum, para não serem lesados ou ofendidos irrevogavelmente por atos arbitrários destas corporações.

Em consequência, cumpre que elas não possam estabelecer medidas de caráter permanente, sem o visto, o exame, a aprovação

155 Constituição, art. 167; Ato Adicional, art. 10, §§ 1º e 4º; Lei n. 105 de 12 de maio de 1840, art. 1º.

de autoridade superior; cumpre que elas estejam adstritas ao governo econômico e municipal, e não invadam atribuições, que lhes não são próprias; cumpre, portanto, que, das suas determinações e decisões, haja recurso em defesa dos direitos dos munícipes, e mais que elas estejam sujeitas à responsabilidade, mesmo criminal, nas pessoas dos seus membros, pelos abusos que cometerem.

329. Sem esta dependência, mediata ou imediata, sem esta sujeição, não é possível, como muito bem faz observar o Sr. Conselheiro Furtado, nem a unidade nacional com um poder único; nem a igualdade perante a lei; nem a liberdade, com magistrados municipais independentes e irresponsáveis.

330. Tais são as razões por que as câmaras municipais têm sido subordinadas, desde o seu começo até ao presente, a autoridades superiores.

Assim é, com efeito, que, pela Constituição, foram elas colocadas sob a dependência dos conselhos gerais de província, visto como, em matéria de posturas ou leis municipais, tinham apenas a iniciativa, com execução provisória por um ano, dependendo a definitiva da aprovação desses conselhos, que, por sua vez, estavam sujeitos aos Poderes centrais.[156]

331. Com a promulgação do Ato Adicional, elas não melhorarão de posição; porquanto, esta lei as colocou completamente sob a dependência das Assembleias Legislativas Provinciais, em toda a extensão do governo econômico e municipal, quanto à regulamentação.

Com efeito, segundo a Lei de 12 de maio de 1840, art. 1°, este governo tem por objeto a economia e a polícia administrativa, próprias dos municípios, ou municipais. Ora, pelo art. 10, § 4°, do Ato Adicional, às Assembleias Legislativas Provinciais compete legislar sobre uma e outra matéria; sendo mais da sua competência

---

156 Constituição arts. 81 e 82; Lei de 1° de out. de 1828, art. 72.

não somente fixar as despesas e impostos municipais; como também regularizar a fiscalização do emprego das rendas da mesma espécie, e autorizar as câmaras a contraírem empréstimos, quando necessários, para ocorrerem às suas despesas.[157]

Consequentemente, quanto à regulamentação do objeto do seu governo, as câmaras municipais estão sob a dependência destas assembleias; competindo-lhes unicamente propor as medidas ou providencias, que por elas devam ser tomadas, e convertidas em leis para os respectivos municípios.

332. Mas, para que estas câmaras se conservem, como devem, adstritas ao objeto do seu governo, não basta que estejam assim sujeitas às Assembleias Legislativas Provinciais, quanto à regulamentação das matérias administrativas da sua competência; porquanto, na execução, ainda elas podem ultrapassar os limites das atribuições, que lhes têm sido legalmente conferidas.

Em consequência, foram elas subordinadas pela lei aos Presidentes de província, aos quais incumbe não somente moderá-las, contendo-as dentro dos limites legais de suas atribuições; como também corrigir, emendar, anular os atos, por elas praticados, quando não conformes com a lei; conhecer e decidir dos recursos interpostos de suas determinações e decisões; impor-lhes a suspensão e sujeitá-las à responsabilidade pelas ações ou omissões criminosas, que cometerem no exercício das suas funções.[158]

CAPÍTULO II – DO DIREITO DE INTERVENÇÃO NA ADMINISTRAÇÃO MUNICIPAL

333. Estando assim as câmaras municipais sob a dependência das Assembleias Legislativas Provinciais, das quais recebem as

157 Ato Adicional, art. 10, §§ 5º e 6º; art. 11, § 3º.

158 Lei de 1º de outubro de 1828, art. 78; Código Criminal art. 154.

leis, que têm de executar, e dos Presidentes de província, a cujas ordens devem obedecer; bem reduzido e determinado fica o direito garantido pelo art. 71 da Constituição a todo o cidadão de intervir nos negócios do seu município, quando imediatamente relativos a seus interesses peculiares.[159]

Com efeito, este direito, quando considerado formalmente, consiste na faculdade que tem todo o cidadão ativo de eleger vereadores.

Ora, estes eleitos, em razão de terem assim recebido o mandato dos eleitores do município, revestem-se da autoridade, que por lei lhes é conferida, em relação ao governo econômico e municipal, nos termos e pelos modos determinados no seu respectivo regimento.

Em consequência, é das suas atribuições estudar as necessidades e interesses do município; examinar o que mais convenha à sua prosperidade e engrandecimento; incorporar em projetos de leis municipais, ou de posturas, os princípios e regras, de cuja aplicação dependam o bem-estar e o adiantamento progressivo da localidade.

334. Mas, uma vez convertidos em leis municipais, esses projetos iniciados pela câmara, e por ela submetidos às Assembleias Legislativas Provinciais, devem ser postos em execução. Ora quem executa estas leis ainda é a mesma câmara, atuando no exterior por intermédio dos seus agentes, ou antes, do seu procurador e dos seus fiscais.

Conseguintemente, aquele direito de intervenção, quando considerado substancialmente, consiste na iniciativa de medidas julgadas úteis ao município, e na respectiva execução, exercida pelos vereadores, sob a direção e inspeção das autoridades supramencionadas.

Tal é o direito de intervenção do cidadão na administração municipal.

---

159 Constituição, art. 172; Ato Adicional, art. 1º.

CAPÍTULO III – DA NATUREZA DAS FUNÇÕES DAS CÂMARAS MUNICIPAIS E SEU CARÁTER

335. Do que até aqui tem sido exposto, evidencia-se que as câmaras municipais, atuando dentro dos limites das suas atribuições, exercem funções administrativas, tanto consultivas como executivas; porquanto, elas não somente preparam e formulam as suas posturas, instruindo assim as Assembleias Provinciais sobre medidas, que devem ser tomadas em prol dos interesses dos respectivos municípios; como também lhes dão execução, quando já convertidas em leis municipais; aplicando-as às espécies, ou casos ocorrentes.

336. É, porém, de notar-se que, com diferença dos antigos conselhos, estas câmaras não exercem, em referência ao governo econômico e municipal, de que estão encarregadas, outras funções que não sejam administrativas, e mesmo estas com restrição.

Com efeito, vê-se da Ordenação, livro 1º, tit. 66 e 67, que aqueles conselhos, constituídos por eleição em dois graus, eram revestidos de atribuições não somente administrativas, concernentes aos interesses peculiares das cidades e vilas, como também legislativas e judiciárias; porquanto, davam por si mesmos força de lei às suas posturas, e julgavam, em primeira e última instância, os crimes de injúrias verbais, os pequenos furtos, e as causas de almotaçaria; de onde se manifesta que as suas funções não eram exclusivamente administrativas.

337. Mudada, porém, a forma do governo, passando-se do regime absoluto para o da monarquia constitucional representativa, as câmaras dos distritos, que substituirão aqueles conselhos nas cidades e vilas, não podiam ter as mesmas atribuições que eles tinham; porque, atenta a divisão dos Poderes, com suas respectivas atribuições, elas tinham de cingir-se ao governo econômico e municipal exclusivamente.[160]

---

160 Constituição, art. 167.

Ora, em referência a este governo, elas não podem ter atribuições que não sejam administrativas; porquanto, das legislativas e judiciárias foram encarregados os respectivos Poderes, nos termos expressos da Constituição, arts. 15, § 8º e 151.

Conseguintemente, estas câmaras são corporações meramente administrativas, como as qualificou, e muito bem, a Lei de 1º outubro de 1828, art. 24; declarando, outrossim, que elas não exerceram jurisdição alguma contenciosa.

Determinada assim a natureza das funções das câmaras municipais, bem como o caráter destas corporações, vejamos como são elas organizadas.

CAPÍTULO IV – DA ORGANIZAÇÃO DAS CÂMARAS MUNICIPAIS

338. Segundo a determinação constitucional, em todas as cidades e vilas deve haver câmaras encarregadas do governo econômico e municipal.[161] Ora, estas câmaras são eletivas, e devem ser compostas do número de vereadores, que a lei designar; decretando, ao mesmo tempo, o exercício de suas funções municipais, a formação das suas posturas policiais, a aplicação das suas rendas, e todas as suas particulares e úteis atribuições.[162]

Conseguintemente, é nas leis regulamentares que devem ser estudadas não somente a organização destas corporações, como também as suas atribuições, e os modos porque devem exercer as suas funções.

339. Sendo assim, e tendo a Lei de 1º de outubro de 1828 revogado toda a legislação anterior, que lhes era relativa, é por essa lei, e mais pela de 9 de janeiro de 1881, que em parte a modificou,

161 Constituição, art. 167.

162 Constituição, arts. 168 e 169.

que devemos examinar o nosso assunto, isto é, – a organização das câmaras municipais.

340. De conformidade com as disposições da primeira destas leis, as câmaras devem ser eleitas de quatro em quatro anos, constando de nove vereadores nas cidades, e de sete nas vilas; devendo cada uma nomear o seu secretário e um procurador, bem como um porteiro com seus ajudantes, e um ou mais fiscais com seus suplentes.

Estas disposições, porém, estão modificadas, em parte, pela segunda lei citada.

Assim é, com efeito, que:

341. I. *Quanto ao número de vereadores* – Ela determina, no art. 22 § 5, que as câmaras municipais continuarão a compor-se do mesmo número marcado na legislação vigente; excetuando, porém, as seguintes: 1º a da Corte, que constará de 21 membros; 2º as das capitais da Bahia e de Pernambuco que constarão de 17; 3º as das capitais do Pará, Maranhão, Ceará, Rio de Janeiro, Minas Gerais, São Paulo e Rio Grande do Sul, que constarão de 13; 4º as das capitais de todas as outras províncias do Império, que deverão ter 11.

Assim, pois, por esta lei, as câmaras municipais da Corte, e das capitais das províncias, contam sempre de onze vereadores para mais, segundo a sua importância relativa; quando, pela Lei de 1º de outubro de 1828, elas compunham-se de nove membros, como as das outras cidades.

342. Esta equiparação, porém, não podia permanecer; e a modificação, aqui notada, era necessária.

Com efeito, a Corte e as cidades capitais, sendo, de ordinário, as mais populosas e importantes; tendo, por conseguinte, maior soma de serviços de interesse municipal a realizar, do que as outras cidades, exigem, por isso mesmo, que as suas câmaras sejam também compostas de maior número de vereadores, porque, quanto mais proporcionado for este número com o daqueles serviços, tanto mais fácil e prontamente serão eles resolvidos e realizados.

343. É verdade que alguns pretendem, que este aumento de vereadores, na razão direta dos serviços a seu cargo, deve tornar difícil o acordo entre eles, tanto para as deliberações, como para as execuções.

Não nos parece, porém, que assim deva acontecer. Porquanto, desde que a matéria, posta em discussão, se manifeste como realmente interessante a todo o município, e por conseguinte a todos os vereadores, estes não poderão deixar de entrar em acordo a respeito, mesmo em razão do interesse próprio que nisso lhes vai.

Estabelecido, porém, o acordo, traduzido na deliberação, nenhuma dificuldade pode haver quanto à execução; porque esta é sempre desempenhada, em matéria de fato, pelo procurador e pelos fiscais das câmaras, qualquer que seja o número dos vereadores, de que elas se compõem.

Em consequência, o aumento do número dos vereadores em coisa alguma pode ser prejudicial aos verdadeiros interesses dos municípios, quando assim o exija o bom andamento dos negócios, que lhes são peculiares.

344. Todavia, essa proporção, entre o número dos vereadores e a soma dos serviços municipais, não pode ser mantida rigorosamente; porquanto, aumentando-se ou diminuindo-se os serviços desta ordem, com o aumento ou a diminuição da população, seria necessário que a organização de cada câmara municipal, para acompanhar estas evoluções, fosse modificada constantemente.

Essas modificações, porém, além de dificultosas por exigirem um recenseamento quatrienal em todo o Império, opor-se-iam manifestamente à uniformidade e permanência, que, como em toda a disposição legislativa, devem se encontrar também, quanto possível, na lei orgânica das câmaras municipais.

345. Em consequência, exigindo esta uniformidade e permanência que o número dos vereadores seja fixado, segundo a categoria dos municípios, sem atenção ao ponderoso elemento da população, que diverge imensamente de uma para outra localidade; o meio prático de se estabelecer a proporção entre esse número e o dos serviços municipais, tendo por base a população, consiste na divisão, ou anexação dos municípios, que podem ser efetuadas pelas Assembleias Legislativas Provinciais.[163]

346. II. *Quanto à eleição do Presidente* – Determinava a Lei de 1º de outubro de 1828, no art. 12, que, feita a apuração das cédulas, seriam vereadores aqueles que tivessem obtido maior número de votos, e que, dentre estes, o mais votado seria seu Presidente, segundo a Constituição, art. 168.

A nova lei, porém, de 9 de janeiro de 1881, alterando esta disposição, determina, em seu art. 22 § 5º que: eleita a câmara, a ela compete eleger, dentre seus membros, um para seu Presidente, e outro para seu Vice-Presidente; devendo renovar esta eleição na primeira sessão de cada ano.

Assim, pois, os Presidentes das câmaras municipais, que, segundo a determinação do art. 168 da Constituição, deviam sair diretamente das urnas paroquiais pela maioria de votos dos cidadãos ativos, presentemente são eleitos pelos próprios vereadores entre si, como na realidade é mais conveniente; porquanto, em razão do contato imediato em que se acham uns com os outros, estão eles mais no caso, do que os eleitores, de conhecer e julgar da capacidade e habilitações daqueles, que devem dirigi-los em seus trabalhos.

Bem procedeu, portanto, a nova lei, efetuando esta modificação, manifestamente conveniente, e de modo algum ofensiva às disposições fundamentais; porquanto, não se tratava de limites de atribuições de nenhum poder político.

---

163 Ato Adicional, art. 10 § 1º.

347. III. *Quanto ao preenchimento do número dos vereadores, suas substituições e suplências* – Foram operadas pela nova lei as seguintes alterações: 1ª Quanto ao preenchimento, determinava a antiga lei que, quando uma vila fosse elevada à categoria de cidade, se procedesse à eleição de dois vereadores, para, com os sete existentes, perfazerem o número de nove, de que devia então compor-se a respectiva câmara. A nova lei, porém, determina que, neste caso, continue a funcionar a câmara da antiga vila, até que tomem posse os vereadores nomeados, na eleição geral, para o quatriênio seguinte; ficando assim abolida a eleição parcial para esse preenchimento.[164]

2ª Quanto às substituições, que deviam ter lugar nos casos de escusa, incompatibilidade, mudança ou morte dos vereadores eleitos, eram elas feitas por acesso dos suplentes imediatos em votos, depois dos apurados na respectiva eleição. Hoje, porém, em virtude da Lei de 1881, art. 22 § 3º, em todos estes casos, deve-se proceder à nova eleição para a escolha dos vereadores, que têm de os substituir.

3ª Quanto às suplências, pela Lei de 1º de outubro de 1828, quando havia segunda eleição para o preenchimento do número dos vereadores, estes eram supridos pelos imediatos em votos nas suas respectivas eleições. Pela nova lei, porém, dado o caso de uma segunda eleição para substituições, todos os vereadores são supridos sempre pelos mais votados na primeira, como se vê das disposições do seu art. 22 §§ 3º e 4º.

348. Tais são as modificações operadas pela nova lei da reforma eleitoral na eleição e organização das câmaras municipais; elas, porém, não terão aí, de modo algum, nem a sua natureza de corpos coletivos, nem o seu caráter puramente administrativo, nem a sua procedência eletiva pelos eleitores dos municípios, nem tão pouco as suas atribuições decretadas por leis anteriores.

---

164 Lei de 9 de janeiro de 1881, art. 26.

CAPÍTULO V – DAS ATRIBUIÇÕES DAS CÂMARAS MUNICIPAIS

349. Competindo às câmaras dos municípios o governo econômico e municipal, nos termos expressos da Constituição, art. 167; as atribuições, que lhes são próprias, devendo ter por objeto os serviços relativos a seu governo, dividem-se naturalmente em duas categorias: uma, atinente à economia do município; outra, ao seu governo.

350. Enquanto exercem atribuições da primeira sobre bens municipais, estas corporações representam os seus municípios, como pessoas morais, capazes de direitos patrimoniais; quando, porém, exercem as da segunda, procedem como autoridades administrativas, promovendo, dentro dos mesmos municípios, os interesses públicos, que lhes são peculiares.

351. Discriminadas assim as duas categorias de atribuições, de que as câmaras municipais devem ser revestidas, cumpre-nos indicar na lei as diferentes espécies, a cada uma pertencentes.

I. *Relativamente à economia municipal*, às câmaras competem a gestão, guarda e defesa dos bens dos seus municípios, e, portanto:

1º Reivindicá-los, quando se acharem aliados ilegalmente;

2º Defender a sua posse, quando atacada, e recuperá-la, quando perdida;

3º Vendê-los, aforá-los ou permutá-los, com a devida autorização;[165]

4º Arrendá-los do mesmo modo, ou mandar cultivá-los, para serem aproveitados;

5º Ajustar empreitadas de obras, ou mandar fazê-las por administração;

---

165 Pelo ministro do Império, na Corte; e, nas províncias, pelos Presidentes.

6º Pôr em boa guarda todas as rendas, foros, coimas e mais coisas pertencentes aos seus municípios;

7º Manter a posse das servidões e dos caminhos públicos;

8º Finalmente, defender em juízo todos os direitos patrimoniais dos seus respectivos municípios, como é expresso na Lei de 1º de outubro de 1828, arts. 40 a 51, onde vem especificadas todas estas atribuições.

352. II. *Relativamente ao governo municipal*, as atribuições das câmaras são de duas ordens: interna e externa. Nesta, lhes compete:

1º Manter a segurança, a tranquilidade e a moral pública, e, portanto, conservar e fiscalizar a polícia do município;

2º Providenciar sobre a segurança individual, saúde e comodidade dos habitantes, e, portanto, prevenir todos os perigos, de onde quer que possam vir; promover e desenvolver todas as condições favoráveis à salubridade; e zelar dos estabelecimentos de caridade;

3º Dar impulso ao adiantamento progressivo das indústrias, e ao melhoramento das plantas e dos animais úteis;

4º Promover construções em benefício comum dos munícipes, e tomar providências sobre o asseio, segurança, elegância e regularidade externa dos edifícios e das ruas das povoações.[166]

353. Na ordem interna, é da sua competência:

1º Assistir à prestação do juramento pelos vereadores eleitos; conceder-lhes licenças nos termos da lei; e impor-lhes multas por suas faltas não justificadas;

2º Nomear os seus empregados e comissões;

---

166 Lei de 1º de outubro de 1828, art. 71.

3º Examinar os seus provimentos e posturas; expedir ordens aos seus agentes para fazerem-nas cumprir; tomar contas ao seu procurador; e tornar efetiva a responsabilidade dos seus empregados, quando nela tiverem incorrido.

354. III. Mas, além destas atribuições, que lhes são próprias, como consentâneas ao fim da sua instituição, as câmaras municipais exercem outras, concernentes a serviços de caráter geral e provincial, tanto consultivas como executivas.

Com efeito, é igualmente de sua competência:

1º Dar aos deputados e senadores da província, a que pertencerem, todas as informações que lhes pedirem, e todas as que julgarem precisas, ainda que lhes não sejam pedidas;[167]

2º Participar anualmente, ou quando convier, ao Presidente, e à Assembleia Legislativa da respectiva província, as infrações da Constituição, e as prevaricações e negligências de todos os empregados públicos indistintamente;[168]

3º Dirigir representações aos Poderes centrais em prol dos direitos e interesses dos seus municípios;[169]

4º Conhecer os títulos de todos os empregados que não tiverem superior no lugar e fazê-los registrar; receber-lhes o juramento e fazei publicar a sua tomada de posse; passar-lhes atestados de frequência para poderem receber seus vencimentos;[170]

5º Receber as declarações dos estrangeiros que quiserem se naturalizar, registrar depois suas respectivas cartas, deferir-lhes o competente juramento e fazer publicar seus nomes;

---

167 Cit. Lei, art. 63.

168 Cit. Lei, art. 58.

169 Constituição, art. 179 § 30.

170 Lei de 1º de outubro de 1828, art. 54.

6° Guardar em depósito os valores das fianças crimes e pagar as meias custas dos processos, nos casos e pelos modos determinados em lei;[171]

7° Publicar as leis gerais do Império e as provinciais das suas províncias, nos termos do art. 70 da Constituição, e 18 do Ato Adicional;

8° Apurar os votos das eleições dos juízes de paz e vereadores.

355. IV. Destas atribuições, que acabam de ser indicadas, gozão todas as câmaras municipais; há, porém, outras que são conferidas somente à da Corte, às das capitais das províncias, e também às de algumas localidades certas e determinadas.

Assim é que compete:

1° À da Corte – a apuração geral das autênticas das assembleias eleitorais, e a formação das listas tríplices, nas eleições de senadores pela mesma e pela província do Rio de Janeiro;

2° Às das capitais das províncias – iguais atribuições, nas eleições de senadores, por elas apresentados;

3° À estas também – a de receber o juramento dos Presidentes de província, e de lhes dar a posse do respectivo cargo;

4° Às de algumas localidades – as que lhes são conferidas especialmente sobre certos e determinados serviços de caráter geral, localizados em seus municípios.

356. Do que fica exposto, se vê que nem todos os serviços, que são realizados nos municípios, são de interesse puramente local; porquanto, se há uns que interessam exclusivamente aos

---

171 Código do Processo Criminal, arts. 105 e 307; Lei de 3 de dezembro de 1841, art. 99.

municípios, há outros, cuja esfera se dilata até aproximá-los, em importância, dos negócios de interesse geral.

357. Em consequência, as câmaras municipais, no exercício das atribuições, que recaem sobre serviços, que não são exclusivamente municipais, devem ser consideradas como agentes da administração geral ou provincial, segundo a extensão do interesse, que elas tenham de promover especialmente.

358. Sendo assim, e sendo as suas atribuições de várias espécies, e, dentre elas, umas próprias e outras delegadas ou anexadas pela lei, elas exercem também algumas sem reserva; outras, porém, sob a direção e inspeção de autoridade superior, como já fizemos observar, quando tratamos da sua subordinação.

CAPÍTULO VI – DA MANEIRA PORQUE AS CÂMARAS MUNICIPAIS EXERCEM AS FUNÇÕES

359. I. Como em outro lugar foi demonstrado, as câmaras municipais são corporações meramente administrativas. Ora, como corporações, elas não podem funcionar, senão em conselho, composto da maioria de seus membros, que, em regra, é de cinco vereadores, nos termos expressos do art. 27 da Lei de 1º de outubro de 1828. Mas, ainda assim, para que as suas deliberações sejam válidas, é de necessidade que se observem as regras e preceitos legais, concernentes tanto à matéria, como à forma dos atos.

Em consequência, é necessário que a reunião em maioria seja legal; que a matéria da deliberação seja da sua competência; e que, na sessão, não seja preterida formalidade alguma estabelecida por lei.

360. Ora as reuniões dos vereadores, para constituírem câmaras, são ordinárias ou extraordinárias: aquelas efetuam-se trimestralmente, no tempo marcado pelas mesmas câmaras; estas,

porém, têm lugar, quando convocadas pelos seus respectivos Presidentes, por ocasião de algum negócio urgente.[172]

361. Assim, pois, é de regra que, segundo a citada lei – achando-se reunidos cinco vereadores, em tempo legal, designado pela própria câmara, ou pelo seu Presidente, podem deliberar validamente, sob a presidência dele, ou dado seu substituto, sobre matéria sujeita à sua competência.

362. Esta regra, porém, sofreu duas modificações, imposta pela Lei de 9 de janeiro de 1881: versando a primeira sobre a maioria; e a segunda, sobre a substituição do Presidente. Com efeito:

(A) Em referência à primeira, esta lei declara, no art. 22 § 5° que – as câmaras municipais continuarão a compor-se do mesmo número de vereadores, marcado na legislação vigente; com exceção, porém, das da Corte e das capitais das províncias –; as quais, como temos visto, compõem-se atualmente de 11, 13, 17 e 21 vereadores, segundo a sua importância relativa. Ora, para pôr em harmonia esta elevação desigual do número dos vereadores com o necessário para constituírem câmara, determinou a mesma lei, no cit. art. 22, § 6º, que – elas não poderão funcionar sem a presença da maioria de seus membros.

Conseguintemente, por estas disposições foi derrogada a do art. 27 da Lei de 1º de outubro de 1828, visto como, presentemente, o número de cinco vereadores nem sempre constitui a maioria, como outrora; porque as câmaras das capitais constam todas de onze vereadores para mais.

363. Todavia, quanto às câmaras das vilas, nos parece que, conquanto quatro vereadores formem a sua maioria, contudo elas não podem funcionar, sem a presença de cinco; porquanto, devendo todas continuar a compor-se do mesmo número, salvas

---

172 Lei de 1º de outubro de 1828, arts. 25 e 26.

as exceções, em vista das quais, a nova lei operou esta alteração, é lógico que ela não pode abranger as que não foram excetuadas.

364. *(B) Em referência à segunda*, determina a mesma lei, no art. 22 § 5º, que – os vereadores elejam dentre si, e anualmente, um para Presidente, outro para Vice-Presidente. Em consequência, esses Presidentes, tendo nos Vice-Presidentes os seus substitutos, não podem, senão na falta deles, ser substituídos pelos vereadores; cabendo então a presidência àquele que, dentre os presentes, maior número de votos tiver obtido nas urnas eleitorais, na primeira eleição, quando porventura tenha havido segunda.

365. II. Notadas estas modificações, é de se observar, que, algumas vezes, não basta haver maioria, para as câmaras poderem funcionar, deliberando; porquanto, *a urgência, a importância do negócio, podem exigir o número completo de vereadores*, como diz a Lei de 1º de outubro de 1828, art. 28.

Quais sejam, porém, esses negócios, que, por sua urgência ou importância, exigem o número completo de vereadores, para sobre eles deliberarem, a lei não determina, nem ao menos exemplifica. Todavia, guiando-nos pelo cortejo de formalidades, de que se revestem certos atos das câmaras municipais, acreditamos poder afirmar que tais negócios são os mencionados na primeira parte do art. 64 da mesma lei.

Com efeito, ela ali estabelece que – as deliberações das câmaras que se dirigirem ao conselho geral (presentemente, à Assembleia Legislativa Provincial), ou sejam propostas, criação, revogação, alteração de uma lei peculiar; ou o estabelecimento de uma nova obrigação para o município, com o nome de postura; ou seja, qualquer outro objeto de sua competência, bem como as representações às autoridades superiores; *serão assinadas por toda a câmara*. Nas que tiverem por objeto ordenar o cumprimento das suas posturas, e o das leis, cuja execução estiver a seu cargo, *bastará que os ofícios sejam assinados pelo Presidente e secretário*.

Ora, distinguindo assim a lei regulamentar entre deliberações, que devem ser assinadas por *toda a câmara*, e outras, para as quais, tal assinatura é dispensável; torna-se manifesto que os negócios, por ela considerados como importantes, não podem ser outros que não os mencionados no citado art. 64.

Assim, pois, quando a câmara tiver de se dirigir à Assembleia Legislativa Provincial com seus projetos de posturas, ou com seus pedidos de autorização para contrair empréstimos; quando tiver de representar às autoridades superiores sobre qualquer assunto; não poderá deliberar com a maioria somente, mas com o número completo de seus membros efetivos ou suplentes.

366. Combinando, portanto, estas exceções com a regra antecedente, pode-se concluir que – preenchidas as demais formalidades, ali indicadas, as câmaras municipais podem deliberar, de ordinário, com a maioria legal somente; mas, em casos importantes, com a totalidade dos vereadores.

367. III. Reunida, porém, a câmara, em sua plenitude ou maioria, ordinária ou extraordinariamente, ela deve funcionar sempre com toda a publicidade; declarando o seu Presidente a abertura da sessão; indicando a matéria; regularizando a discussão e votação; fiscalizando a confecção da ata, que deve ser lavrada pelo secretário com todas as minudências acerca de tudo quanto nela houver ocorrido; assinando-a finalmente com todos os vereadores presentes.[173]

368. IV. Nas sessões, qualquer dos vereadores, inclusive o Presidente, pode propor e discutir o que lhe parecer conveniente ao desempenho de suas funções;[174] mas devem todos ter presente que, nas vereanças, só se deve tratar de matérias que sejam da competência da câmara, ou pela lei do seu regimento, ou por outras que lhes tenham atribuído direta ou indiretamente.

---

173 Lei de 1° de outubro de 1828, arts. 27, 33 ,34, 35 e 38.

174 Lei de 1° de outubro de 1828, art. 33.

369. Quando, porém, as câmaras, ultrapassando os limites de suas atribuições, tomam resoluções sobre assuntos não compreendidos em seu regimento, ou em leis posteriores, ou em decretos, regulamentos e ordens do governo, os seus atos são radicalmente nulos por exorbitantes. Em consequência, devem ser suspensos pelo Presidente da província, espontaneamente, ou mediante o recurso facultado aos cidadãos, que por eles se sentirem agravados.[175]

CAPÍTULO VII – DA RESPONSABILIDADE DAS CÂMARAS MUNICIPAIS

370. I. A sanção da infração da lei, quanto à matéria e forma dos atos das câmaras municipais, não se limita a simples nulidade das deliberações, e a consequente suspensão de sua execução: pode ir além, sujeitando à responsabilidade criminal os vereadores que as tiverem votado.

Com efeito, é crime de falta de exação no cumprimento dos deveres – deixar o empregado ou funcionário público de cumprir, ou de fazer cumprir exatamente, qualquer lei ou regulamento;[176] e se, na resolução entra, como causa impulsiva, a afeição ou ódio, a contemplação ou o interesse pessoal, torna-se o crime ainda mais grave, convertendo-se no de prevaricação. Ora, funcionando as câmaras, com preterição das formalidades legais, ou ultrapassando os limites das suas atribuições, para deliberarem sobre matéria alheia à sua competência, violam manifestamente a lei do seu regimento.[177] Conseguintemente, cometem, em tais casos, um crime de responsabilidade; pelo menos, o de falta de exação no cumprimento dos deveres, do qual não se escusam os vereadores, nem mesmo alegando ignorância.[178]

175 Lei de 1º de outubro de 1828, arts. 73 e 78.

176 Código Criminal, art. 154.

177 Lei de 1º de outubro de 1828, art. 78.

178 Código Criminal, art. 154.

371. II. Quando, no exercido das suas funções, os vereadores se afastam assim da lei, cometendo crimes de responsabilidade, o juiz competente para os processar e julgar, é o de direito da comarca, ou do 1º distrito criminal, quando houver mais de um.

Com efeito, por disposição expressa da Lei de 3 de dezembro de 1841, art. 25, § 1º, a estes juízes compete conhecer dos crimes de responsabilidade de empregados públicos não privilegiados. Ora, tais são os vereadores; porquanto, exercem funções de caráter público e a lei não os excetuou como privilegiados. Conseguintemente, é o juiz de direito da comarca, ou do 1º distrito criminal, o competente para os processar e julgar nos crimes de responsabilidade.

372. Quando, porém, os crimes cometidos pelos vereadores, ainda mesmo no exercício de suas funções, não são de responsabilidade, mas comuns, devem eles ser processados e julgados pelas justiças ordinárias; porque a competência especial para aqueles crimes é determinada em razão da matéria, e não da pessoa do delinquente.

373. III. Processado algum vereador, por crime de responsabilidade ou por crime comum, fica suspenso *ipso jure* do exercício das suas funções, logo que a pronúncia tiver sido decretada pelo juiz formador da culpa.[179]

374. Ainda mesmo sem pronúncia, os vereadores, não individualmente, mas na totalidade do número de que se compõe a câmara, podem ser suspensos, na Corte, pelo ministro do Império, e nas províncias, pelos respectivos Presidentes, desde que eles, por seus atos e abusos criminosos, perturbem ou comprometam a ordem, ou a segurança pública; seguindo-se imediatamente o competente processo criminal.[180]

---

179 Regulamento n. 120 de 31 de janeiro de 1842, art. 293.

180 Constituição, art. 102, § 15; Lei de 1º de outubro de 1828, art. 78.

375. IV. Suspensos, porém, os vereadores, nem por isso deixa de haver câmara; porquanto, para supri-los, são chamados os imediatos em votos no primeiro escrutínio,[181] e estes, elegendo o seu Presidente, na primeira sessão, vão funcionando por todo o tempo do impedimento dos vereadores suspensos; de modo que se mantêm constantemente a administração municipal, tal como é organizada.

376. Conhecida assim a administração em sua tríplice divisão, devemos agora ver quem são os administrados, com os quais ela está em relação jurídica, em vista do interesse geral do Estado.

---

181 Cit. lei, art. 28; Lei de 9 de janeiro de 1881, art. 24 § 4º.

QUARTA PARTE

DOS ADMINISTRADOS

TÍTULO I

DOS ADMINISTRADOS EM SUAS RELAÇÕES COM A ADMINISTRAÇÃO

CAPÍTULO ÚNICO – DOS ADMINISTRADOS EM GERAL E SUA DIVISÃO

377. I. A coexistência de homens sujeitos às mesmas leis, ao mesmo governo, em uma sociedade politicamente constituída, é, como temos feito observar, a fonte de todas as relações geradoras de direitos e deveres recíprocos entre ela e os indivíduos, que habitam o seu território.

378. A administração, porém, colocada entre estas entidades relacionadas, é quem realiza, quem torna exequíveis esses direitos e deveres de uma parte e de outra; porquanto, é ela quem está encarregada de todos os serviços necessários à conservação, desenvolvimento e bem-estar dos habitantes; é ela quem, como representante dos direitos da sociedade, exige deles toda a espécie de contribuição para ocorrer às despesas públicas; é ela ainda quem cobra o tributo de sangue, quando indispensável à segurança e defesa nacional.

379. Assim, pois, devem ser considerados como administrados, em geral, todos os que se acham no território da nação; porquanto, estando sujeitos às suas leis, não podem deixar de estar sob a ação da administração.

380. II. Mas é de se observar que nem todos os administrados estão na mesma posição jurídica, possuindo a mesma soma de direitos; porquanto, dentre eles, há uns que são nacionais, e fazem parte da associação política; há, porém, outros que são estrangeiros, e que, portanto, lhe não pertencem.

381. Destas duas classes, a primeira é capaz da plenitude de todos os direitos, civis e políticos; a segunda, porém, goza unicamente dos direitos civis em geral. Ora, devendo a sociedade não somente garantir todos os direitos, de que os administrados são capazes, como também lhes determinar suas obrigações; torna-se manifesto que as prescrições do Direito Administrativo, abrangendo a todos os administrados, não podem deixar de especializar-se, em referência à cada uma das mencionadas classes. Em consequência, a administração, que, como dissemos, está colocada entre a sociedade e cada um dos administrados, para tornar efetivos os direitos e obrigações recíprocas de uma parte e de outra, deve ter em vista a classe, a que ele pertencer, para o fim de conhecer quais os direitos de que é capaz, e quais os deveres que lhe são impostos; porquanto, nem todos gozão dos mesmos direitos, nem todos estão sujeitos às mesmas obrigações.

Para determinar, pois, esta distinção, em princípio, é que a ciência do Direito Administrativo estuda os nacionais e estrangeiros separadamente; firmando, em cada uma das classes, as diferentes posições jurídicas, que ocupam os administrados, como vamos ver.

TÍTULO II

DOS NACIONAIS

CAPÍTULO I – DA NACIONALIDADE

382. O Império do Brasil é, como diz o art. 1º da Constituição, a associação política de todos os cidadãos brasileiros. Ora, para esta associação entra-se, ou pelo nascimento, ou pela naturalização. Daqui, pois, resulta a primeira divisão dos cidadãos em duas classes: a dos naturais e a dos naturalizados.

383. I. Consideram-se cidadãos naturais:

1º Todos os que nascem no Brasil, quer os pais sejam nacionais, quer estrangeiros, uma vez que não estejam aqui residindo por serviço de sua nação.

2º Os filhos legítimos e os ilegítimos de pai brasileiro, nascidos em país estrangeiro;

3º Os filhos ilegítimos de mãe brasileira, nascidos no estrangeiro;

4º Finalmente, os nascidos em Portugal, e seus domínios, se, residentes no Brasil ao tempo da independência, aderiram a ela expressa ou tacitamente, pela continuação de sua residência no país.[182]

384. Cumpre, entretanto, fazer observar que, dos acima enumerados, os que nascem no Brasil adquirem esta qualidade, só pelo fato do nascimento; não assim os que nascem no estrangeiro, porque, em relação a estes, mais algumas condições devem ser preenchidas.

Com efeito, a Constituição exige que os filhos legítimos e os ilegítimos de pai brasileiro, bem como os ilegítimos de mãe brasileira, quando nascidos no estrangeiro, venham estabelecer o seu domicílio no Império, para serem considerados como cidadãos brasileiros.

Quando, porém, o pai estiver em serviço da nação em país estranho, os filhos, que ali tiver, não serão sujeitos a esta condição.[183]

385. Mas, além do domicílio que, salva esta exceção, é condição imposta a todos os filhos de brasileiro ou brasileira, nascidos em país estrangeiro, parece que, quanto aos ilegítimos de pai brasileiro, é também necessário que este os reconheça, em qualquer tempo, por escritura pública ou testamento; sem o que não poderão provar a sua filiação paterna, como se vê da Lei de 2 de setembro de 1847, art. 3º.

Preenchidas estas condições, em cada uma das espécies, os filhos de brasileiros, ainda que nascidos fora do Império, são considerados como – cidadãos naturais.

386. II. Cidadãos naturalizados, porém, são os estrangeiros, que, tendo declarado preferir a nossa sociedade política à sua anterior nacionalidade, foram admitidos em nossa comunhão, mediante a naturalização.

---

182 Constituição, art. 6º.

183 Constituição, art. 6º, §§ 2º e 3º.

387. Para a concessão desta graça, a lei impõe ao naturalizando o dever de preencher as seguintes condições:

1º Provar que tem idade maior de 25 anos; que, em seu país, goza de direitos civis; que aqui possui bens de raiz, ou custeia algum estabelecimento, ou exerce alguma profissão útil, de onde tira honesta subsistência;

2º Declarar seus princípios religiosos, sua pátria e sua intenção de fixar domicílio no Brasil;

3º Residir em seu município por dois anos consecutivos, após as suas declarações.[184]

388. Para se verificar o preenchimento de todas estas condições, o processo administrativo da naturalização, em geral, foi pela mesma lei dividido em três atos distintos:

1º Termo de declarações perante o Presidente da câmara da cidade ou vila, em que residir o naturalizando, tendo por objeto os requisitos contidos na 1ª e 2ª condições, acompanhados das respectivas provas por certificados ou justificações;

2º Pedido de naturalização ao governo imperial; por intermédio do ministro do Império, ou do Presidente da província, acompanhado do termo de declarações, e da justificação da residência, de que trata a condição 3ª; mostrando o naturalizando que, durante a mesma, manteve sempre boa conduta civil e moral, conservando os mesmos meios de honesta subsistência:

3º Concessão da carta de naturalização pelo governo imperial, e seu cumprimento e registro pelo Presidente da câmara municipal, perante o qual o naturalizando tem de fazer declarações quanto ao seu Estado e família, e de jurar ou prometer obediência e fidelidade

184 Lei de 23 de outubro de 1832.

à Constituição e às leis do Império, e reconhecer o Brasil como sua pátria desse dia em diante.[185]

389. Devemos, porém, notar que nem todos os naturalizandos estão sujeitos a estas formalidades do processo geral da naturalização; porquanto, alguns há que, para obterem-na, são mais favorecidos do que os outros.

Assim é, com efeito, que os colonos, os industriais, os engajados para o serviço do exército, não estão sujeitos a outras condições, que não sejam a de maioridade, e a de residência por dois anos no país, para poderem obter carta de naturalização, após as declarações da 2ª condição, supra indicada, perante o Presidente da câmara do seu domicílio.

Com estas declarações somente, naturalizam-se também os estrangeiros casados com brasileiras; os inventores ou introdutores de qualquer gênero de indústria; os que têm adotado um brasileiro ou brasileira; os que têm feito campanha em serviço do Brasil, ou têm sido gravemente feridos em sua defesa; os que, por seus talentos e reputação literária, têm sido admitidos ao alto magistério no Império; bem como os que, por serviços relevantes feitos ao país, foram declarados beneméritos pelo corpo Legislativo.

Todos estes podem obter cartas de naturalização do governo imperial, ou dos Presidentes de suas províncias, indistintamente, em virtude dos favores que lhes concede a lei.

390. Quaisquer, porém, que sejam estes favores, limitam-se a facilitar a naturalização dos favorecidos; mas, quanto à esfera dos direitos, que eles adquirem como cidadãos, de modo algum ela é superior à dos outros naturalizados.

Assim, pois, como cidadãos, são todos iguais; todos estão sujeitos às mesmas restrições, quando comparados com os naturais.

185 Lei de 23 de outubro de 1832.

CAPÍTULO II – DA CAPACIDADE JURÍDICA DOS CIDADÃOS

391. A plenitude dos direitos civis e políticos não é dada a todos os cidadãos brasileiros, nem quanto à capacidade, nem quanto ao exercício, como é fácil de se demonstrar. Com efeito:

I. *Quanto à capacidade* – Se os naturais são capazes de todos os direitos, assim civis como políticos; em relação a estes, os naturalizados sofrem ainda algumas restrições, porque não podem ser regentes, nem ministros de Estado, como é expresso nas leis fundamentais.

E, na verdade, quanto à regência, tratando o Ato Adicional, no art. 27, da maneira porque deve ser feita a eleição do regente, e das qualidades dos elegíveis, exclui expressamente todo o cidadão naturalizado. Do mesmo modo, a Constituição também declara, no art. 136, que estes cidadãos não podem ser ministros de Estado.

Ora, nenhuma destas duas disposições foi modificada ou alterada por lei alguma; porquanto, a de 9 de janeiro de 1881, que lhes levantou a proibição de serem elegíveis para os cargos de deputados à assembleia geral e de senadores, nada dispôs quanto ao de ministros; e, relativamente ao de regente, manteve manifestamente a restrição, como se vê do seu art. 1º, onde se refere ao Ato Adicional.

Conseguintemente, os cidadãos naturalizados são ainda incapazes, de direito, para estes dois cargos políticos.

392. II. *Quanto ao exercício* – As restrições procedem de diferentes causas, assim para os naturais, como para os naturalizados. Com efeito:

1º Conquanto todos os cidadãos brasileiros, indistintamente, sejam capazes dos direitos políticos, salvas as restrições supra indicadas; todavia, relativamente ao seu exercício, a lei impõe condições gerais, como as de idade, independência e renda, além das especiais para os diferentes cargos.[186]

Ora, enquanto essas condições não são preenchidas, o direito político, a que elas se referem, não pode ser exercido. Conseguintemente, nem mesmo os cidadãos ativos, por terem preenchido simplesmente as condições estabelecidas para o exercício do voto, podem aspirar a todos os cargos eleitorais indistintamente.

2º Do mesmo modo, as incompatibilidades, estabelecidas por lei, para se exercer cumulativamente diferentes cargos, importam também restrições ao exercício dos direitos de que são capazes os cidadãos; porquanto, em virtude delas, ficam impedidos de exercer todos os demais cargos que forem incompatíveis com os que estiverem exercendo.

3º Outras vezes, a lei não se limita à simples restrições, com referência aos direitos políticos; mas suspende completamente o seu exercício a todo o cidadão, que se achar sob a pressão de incapacidade psíquica ou moral; de sentença condenatória à prisão ou degredo; e de pronúncia sustentada, enquanto durarem os seus efeitos.

393. Sendo assim, torna-se manifesto que, como dissemos, a plenitude dos direitos civis e políticos não é dada a todos os cidadãos brasileiros indistintamente; porquanto, nem todos têm a mesma capacidade; nem todos podem exercer, em todo o tempo e circunstância, os direitos de que são capazes, como membros da nação.

394. Conhecidos assim os administrados da primeira classe, com sua capacidade jurídica, e indicadas as diferentes causas de restrição e suspensão do exercício dos seus direitos, devemos estudar agora os da segunda, que são os que não fazem parte da nossa associação política.

---

186 Constituição, arts. 90 a 93; Lei de 9 de janeiro de 1881, art. 10.

TÍTULO III

DOS ESTRANGEIROS

CAPÍTULO I – DOS DIREITOS DE QUE GOZÃO, EM GERAL, OS ESTRANGEIROS NO BRASIL

395. I. Na sociedade geral do gênero humano, todos os homens, como iguais em natureza, devem gozar dos mesmos direitos, resultantes de sua personalidade. Não assim, nas sociedades politicamente constituídas; porquanto, ali, além desses direitos naturais, há ainda outros hipotéticos, que resultam das leis fundamentais e orgânicas da associação, e que, portanto, são privativos dos associados que a compõem.

396. Dai que, nestas sociedades, somente os cidadãos podem ter a plenitude de todos os direitos, que nascem de suas leis; preenchidas as condições internas, que elas estabelecerem.

Em consequência, à parte os direitos, que, ainda que consagrados em lei, têm por imediato fundamento a própria natureza, todos os mais podem ser negados aos estrangeiros, desde que, da sua concessão, resulte ou possa resultar qualquer incômodo, prejuízo ou dano à associação.

Assim, pois, não são somente os direitos essencialmente inerentes à qualidade de cidadão, que devem ser vedados aos estrangeiros; outras restrições podem lhes ser impostas em bem da ordem e da segurança pública.

397. II. Sendo estes os legítimos fundamentos das restrições, que podem ser estabelecidas, com relação ao gozo de direitos, em referência aos estrangeiros, quando recebidos no país; é justo que ali se lhes conceda e garanta todos os demais direitos, assim pessoais, como patrimoniais, desde que, do seu exercício, não lhe venha, nem lhe possa vir detrimento algum.

398. É sobre estes princípios que as nossas leis determinam a posição jurídica dos estrangeiros no Brasil; porquanto, entre nós, eles gozão de todos os direitos privados, que são garantidos aos cidadãos, salva uma ou outra limitação.

Assim é, com efeito, que, quanto aos direitos patrimoniais, as mesmas leis, que regem os direitos de propriedade e de obrigações; que estabelecem os modos de aquisição e transmissão de bens, móveis ou de raiz; que prescrevem as formalidades e solenidades dos contratos e atos; têm idêntica aplicação, tanto para os nacionais, como para os estrangeiros.

399. Do mesmo modo, as leis do Império lhes reconhecem e garantem igualmente direitos pessoais, tais como: 1° o de culto, pois que ninguém, em nosso país, pode ser perseguido por motivo de religião, uma vez que respeite a do Estado, e não ofenda a moral pública;[187] 2° o de liberdade de pensamento, visto como todos podem comunicá-lo por palavras ou por escritos, e publicá-lo sob sua responsabilidade, independente de censura;[188] 3° o de liberdade de indústria, porque a Constituição no art. 179 § 24, estabelece que – nenhum gênero de trabalho, de cultura, indústria

---

187 Constituição, art. 179 § 5°; Código Criminal, art. 277.

188 Constituição, art. 179 § 4°; Código Criminal, art. 7° §§ 1° e 2°.

ou comércio, pode ser proibido, uma vez que não se oponha aos costumes públicos, à segurança e saúde dos cidadãos.

400. Mas, como dissemos, os estrangeiros estão sujeitos a algumas restrições, relativas não somente aos direitos patrimoniais, como também aos pessoais. É assim, por exemplo, que eles não podem ter parte ou interesse em embarcações registradas como brasileiras; nem tão pouco lhes é permitido servirem nelas como capitães, ou como mestres, pois que estas profissões foram reservadas para os nacionais, como é expresso no Código Comercial, arts. 457 e 496.

Ora, como é manifesto, a razão destas limitações, quanto ao direito de propriedade e de profissão, de que são exemplos estas proibições, consiste na necessidade de se evitar todos os elementos, que possam convergir contra a segurança e tranquilidade pública.

Com efeito, devendo estar em sujeição à administração do Estado as embarcações nacionais, com as pessoas que as dirigem, no que diz respeito às medidas de segurança e de fiscalização; devendo, além disso, haver facilidade de as empregar, quando necessário, no serviço nacional, com efetiva responsabilidade dos respectivos capitães e mestres; compreende-se que, se estrangeiros pudessem ser seus proprietários, ou encarregados do seu governo e direção, ficaria o Estado exposto, não somente a constantes reclamações da parte de potências estrangeiras, como também ao iminente perigo de ver os próprios navios nacionais convertidos contra si em elementos de força naval, por ocasião de guerra.

A segurança e a tranquilidade nacional, portanto, explicam e justificam estas e outras limitações, impostas ao uso e gozo dos direitos patrimoniais e pessoais, concedidos aos estrangeiros em nosso país.

CAPÍTULO II – DA PROTEÇÃO GERAL E ESPECIAL DE QUE GOZÃO OS ESTRANGEIROS NO BRASIL

401. I. Com a concessão do gozo dos direitos patrimoniais e pessoais, em quase toda a sua plenitude, as leis brasileiras colocam os estrangeiros, existentes no país, sob a proteção de todas as autoridades em geral, para lhes garantirem o exercício deles.

Em consequência, sendo-lhes dadas as mesmas garantias, que aos nacionais, para a defesa dos direitos, de que são capazes, eles também empregam os mesmos meios, que a estes são concedidos, e perante as mesmas autoridades, a quem, em caso idêntico, se dirigem.

402. II. Mas, além desta proteção geral pelas autoridades do país, e da qual os estrangeiros gozão em comum com os nacionais, eles têm muitas vezes outra especial, exercida pelos ministros residentes, e pelos agentes consulares de sua nação.

Com efeito, esses funcionários, sendo encarregados pelo governo de seu país, não somente de promover os interesses políticos e comerciais, que lhes dizem respeito, como também de proteger os respectivos súbditos; têm por dever reclamar, em nome da nação a que pertencem, contra qualquer opressão ou abuso, de que se queixem seus nacionais; tomando todas as providências necessárias, para que se lhes faça com prontidão a justiça, que lhes for devida.

403. Ainda em ordem a esta proteção especial, têm os agentes consulares a atribuição de intervir não somente na confecção de certos atos civis dos seus nacionais, com caráter de tabeliães; como também na arrecadação de suas heranças, quando falecem sem testamento, ou sem herdeiros na terra, ou estes são desconhecidos, ou legalmente incapazes.

404. Nesta intervenção, eles aparecem, em regra, como representantes de herdeiros ausentes, requerendo providências perante o

respectivo juiz, para que essas heranças venham à boa arrecadação, e concorrendo para a escolha de seus curadores e administradores.[189]

Por exceção, porém, e em virtude da convenção de 10 de dezembro de 1860 com a Confederação Helvética, e depois com a Itália, Espanha e Portugal, os cônsules funcionam como autoridades, procedendo por si mesmos à aposição dos selos, ao inventário e mais diligências concernentes à arrecadação e administração de tais heranças, com assistência ou não da autoridade local, contanto que ela tenha sido avisada, com antecedência, do dia, hora e lugar em que os atos devam começar.

405. Mas, ainda mesmo neste caso, eles não podem nomear tutores e curadores aos menores, nem tão pouco abrir testamentos e fazer partilhas; porque estes atos são jurisdicionais, e, portanto, da exclusiva competência das autoridades do país.

CAPÍTULO III – DA ENTRADA E SAÍDA DOS ESTRANGEIROS

406. I. Como os estrangeiros não fazem parte da nossa comunhão, e, entretanto, quando admitidos no país, comparticipam dos mesmos direitos que os nacionais, nas relações civis, salvas as restrições estabelecidas em prol da segurança e tranquilidade da ordem pública; é incontestável que o Estado, em razão dessa mesma segurança, tem o dever de verificar se aqueles, que pretendem entrar no território nacional, oferecem as garantias precisas para serem ali recebidos.

407. Dai vem o direito, com que a polícia administrativa, à chegada do estrangeiro, sai-lhe ao encontro, exigindo-lhe o passaporte, a declaração de seu nome, naturalidade, Estado e profissão, fim a que veio, e para onde vai residir.

---

189 Lei de 3 de novembro de 1830; Decreto R. de 9 de maio de 1842.

408. Se estas condições não são satisfeitas, ou se o estrangeiro, por suspeito, não inspira confiança, não se lhe consente a entrada, ou desembarque. No caso contrário, porém, visa-lhe o passaporte a autoridade competente, e com ele pode viajar livremente dentro do Império.

409. II. Mas, muito embora o estrangeiro tenha satisfeito a todas as condições de admissibilidade no país, e, em consequência, tenha sido ali recebido; contudo, se a sua permanência se tornar perigosa à segurança do Estado; se a sua conduta for de tal modo irregular, que ofenda ou prejudique a moral pública, com geral reprovação; ele pode e deve ser deportado administrativamente, sem que lhe assista direito algum de reclamar contra esse ato, por ser praticado em virtude da soberania da nação.

410. Todavia, ainda mesmo nestes casos, em que a deportação do estrangeiro é uma necessidade imposta pela segurança da ordem e da moral pública, os direitos que, sob a garantia das leis do país, ele tiver adquirido, devem-lhe ser mantidos e respeitados; porquanto, o ato administrativo, limitando-se a obrigá-lo a sair do território, não altera, nem pode alterar de modo algum as relações jurídicas, que ele ali possa sustentar por meio de representação.[190]

411. III. Não é somente pela deportação que um estrangeiro pode ser obrigado a sair do território do país; algumas vezes o Estado tem mesmo o dever de o entregar preso a outro Estado, que o reclame como criminoso ou delinquente; e o ato pelo qual essa entrega se realiza, é o que, em Direito, se denomina "extradição".

412. Mas esta não se dá incondicionalmente; porquanto, para que a entrega do criminoso deva ter lugar, é de necessidade que o governo reclamante alegue e prove perante o reclamado, não somente a espécie do crime cometido, como também que o fora em seu território.

---

190 Constituição, art. 179, §§ 20 e 22.

Com efeito, em face dos princípios do Direito filosófico, que regem as relações internacionais, nem todos os crimes obrigam a extradição; e nenhum Estado tem o direito de exigi-la, senão em razão da ofensa feita pelo delinquente à sua jurisdição.

Assim, pois, quanto aos crimes, cumpre distinguir, pois que eles podem ser políticos ou comuns, e estes ainda podem ser graves, ou leves.

413. Os crimes políticos não autorizam a extradição; porquanto, afetando unicamente as normas governamentais estabelecidas em uma nação, ou aos Poderes nela constituídos, não se revestem do caráter odioso e imoral dos outros crimes, porque, podendo ter sido cometidos por um nobre fim, não ofendem os direitos da humanidade.

414. Não assim os crimes comuns, quando são graves; porquanto, podendo pôr em risco a moral e a segurança dos povos, como diz o Sr. Conselheiro Ribas, produzem em toda a parte o mesmo abalo; são punidos em todas as nações com penas muito severas, porque contra eles se revoltam com razão todas as consciências.

415. Quando, porém, os crimes, posto que comuns, não são de tal sorte graves, que ponham em perigo iminente a ordem social, e que, por isso, não dão lugar a ação pública em país algum, não podem servir de fundamento à obrigação da extradição.

416. Assim, pois, salvas as convenções em contrário, ela é obrigatória somente quando a reclamação é fundada em crime comum e grave, cometido no território do governo reclamante.

417. Mas, ainda que estas condições tenham sido preenchidas, se o delinquente reclamado estiver em processo, ou já cumprindo pena por crime, que tenha cometido no país, em que se refugiou, a extradição não se faz efetiva imediatamente, mas fica suspensa, até que ele tenha cumprido a pena, que lhe for ou lhe tiver sido imposta.

418. Tanto nestes casos, como no de não estar o delinquente sujeito, no país, a processo ou pena criminal, é possível que o respectivo governo tenha recebido reclamações fundadas de extradição da parte de duas ou mais potências estrangeiras.

Em tais circunstâncias, quando a entrega do criminoso deva ser efetuada, o deve ser aquela, em cujo território ele tiver cometido o crime mais grave; e, quando todos sejam de igual gravidade, aquela que primeiro o tiver reclamado.

Tais são os princípios e regras dominantes em matéria de extradição.

419. Agora que temos indicado os direitos, de que gozão os administrados, nas respectivas classes a que pertencem, de naturais, naturalizados e estrangeiros, é tempo de examinarmos, finalmente, as garantias que lhes são concedidas em sua defesa, contra os atos da Administração Pública.

É o que vamos fazer presentemente, na última parte deste trabalho.

QUINTA PARTE

DA JUSTIÇA ADMINISTRATIVA

TÍTULO I

DA COMPETÊNCIA

CAPÍTULO I – DA RAZÃO DE SER DA COMPETÊNCIA JURISDICIONAL ADMINISTRATIVA

420. A administração, no desempenho da sua missão de medianeira entre a sociedade e os indivíduos, que habitam o território nacional, para tornar efetivos os direitos e deveres recíprocos de uma parte e de outra, bem como no da execução das leis de interesse público, assim geral como local, acha-se forçosamente em relação constante com os administrados; podendo, por conseguinte, afetá-los, não somente em seus interesses, mas também em seus direitos.

421. Sendo, porém, invioláveis todos os direitos dos administrados; respeitáveis todos os seus interesses, enquanto compatíveis com o interesse público; torna-se manifesto que eles devem ter garantidos os meios de defesa, em prol de uns e de outros, contra os atos da administração.

422. Ora, dentre esses meios, o primeiro, que é comum assim aos direitos, como aos interesses, é a reclamação; o segundo, porém,

que, em regra, pode ser empregado somente quando, para a reparação da lesão de um direito, a reclamação foi ineficaz, é o recurso.

É, pois, necessário que haja autoridades competentes, para conhecerem de um e de outro.

423. De que ordem, porém, devem ser essas autoridades: da administrativa ou da judiciária?

A administração, como em outro lugar já fizemos observar, deve ser pronta e enérgica; e, portanto, não pode ser obstada em sua carreira. Assim, nenhum juiz ou Tribunal Judiciário pode ter ação sobre ela, porque, atuando como autoridade, deve ser livre e independente. Ora, a liberdade e a independência, e, com elas, a prontidão administrativa, teriam de desaparecer, se porventura um poder estranho, atendendo a reclamações desta ordem, ou dando provimento a recursos, pudesse, de qualquer modo, suspendê-la em seu desenvolvimento, nulificando ou alterando os atos, por ela praticados.

Conseguintemente, é a própria administração, e não o Poder Judiciário, que deve conhecer das reclamações e dos recursos, que as leis concedem aos administrados contra os atos, que dela emanam. Porquanto, como diz Laferrière: administrar não é somente fazer executar as leis, decretos e regulamentos; mas também decidir as dificuldades de execução, e julgar as reclamações por ela provocadas. Assim, pois, o poder que administra, importa logicamente consigo a atribuição de julgar administrativamente.

Por conseguinte, as autoridades competentes para conhecerem das reclamações e dos recursos administrativos, são as que representam este poder, e não os juízes e tribunais judiciários; porque a isso se opõem a prontidão, a liberdade e a independência da administração.

CAPÍTULO II – DO CONTENCIOSO ADMINISTRATIVO; SUA MATÉRIA, FORMA E CONSEQUENTE DEFINIÇÃO

424. I. A jurisdição administrativa, sendo o poder imanente na administração para ela decidir, como autoridade, as questões suscitadas pelos administrados, por ocasião do exercício de algum ato administrativo, divide-se naturalmente nas duas espécies – graciosa e contenciosa –, como, em outro lugar, já fizemos observar.

Ora, destas duas espécies, a primeira tem por objeto as reclamações levantadas sobre a ofensa de simples interesses; a segunda, porém, é destinada a decidir as questões relativas a lesões de direito.

Conseguintemente, a jurisdição administrativa, quando em atividade, pressupõe a existência de uma reclamação, levantada por administrado, em razão da ofensa de um interesse, ou da lesão de um direito, por um ato praticado por agente da administração.

425. Mas, para que se dê a matéria, sobre a qual se exerça a jurisdição contenciosa administrativa, não basta a existência de uma reclamação em nome de um direito qualquer; é ainda necessário que o direito, em defesa do qual se reclama, seja de *ordem administrativa*.

Com efeito, sendo limitado o domínio do Direito Administrativo, e distinto de todos os demais ramos do Direito em geral, não tem a administração a faculdade de atuar em outras esferas, alheias àquele direito, pois que a outros Poderes pertencem. Em consequência, somente na ordem administrativa é que ela pode exercer as suas funções jurisdicionais contenciosas; e, portanto, o direito, sobre cuja lesão ela tiver de se pronunciar, a esta ordem deve pertencer.

426. Sendo assim, podem servir de base a este contencioso somente os direitos adquiridos em virtude de leis, decretos, regulamentos, contratos e atos, concernentes à administração, e não outros, por não pertencerem à ordem de que falamos.

427. É em consequência deste princípio, que constituem matéria contenciosa administrativa as questões atinentes ao domínio público; às servidões e trabalhos de utilidade pública; às constituições de servidões militares; à caducidade de concessões de privilégios para exploração e mineração de metais preciosos, para construções de estradas de ferro, para fundação de fábricas, para navegação fluvial, para o estabelecimento ou introdução de uma nova indústria; à tomada de contas dos dinheiros públicos; às contribuições diretas; aos contratos de fornecimentos ou de trabalhos públicos; à interpretação de atos administrativos; em suma, à toda e qualquer relação desta ordem, de onde tenha resultado para o administrado um direito, impondo à administração o dever de o respeitar.

Quando, pois, faltando a esse dever, ela o ofende, ferindo seu direito, dá-lhe lugar a que levante sua reclamação contra o ato administrativo, que o lesou.

428. Em consequência, para se dar matéria à jurisdição contenciosa, de que tratamos, não basta a existência de uma reclamação fundada em direito de ordem administrativa; mas é ainda necessário que esse direito tenha sido ofendido por um ato *especial e de autoridade* da administração.

Com efeito, conquanto se denominem – administrativos – todos os atos, que emanam da administração; todavia, na generalidade deles, distinguem-se duas espécies, bem caracterizadas. A primeira é a dos atos, que ela pratica, como ramo do poder social, aplicando aos casos especiais as leis administrativas de interesse geral; a segunda é a dos atos, que ela realiza na gestão dos bens do Estado, da província ou do município.

A estes últimos dá-se o nome de atos de gerência; aos primeiros, porém, e reservada a denominação de – *atos puramente administrativos, ou de autoridade*; porque, descendendo legitimamente do poder que administra, referem-se a objetos, sobre os quais a administração atua com Império, em nome do interesse público.

Ora, somente os atos desta espécie, e não os de gerência, são os que podem dar lugar à provocação da jurisdição contenciosa administrativa, quando lesivos de direitos da mesma ordem; quer tenham sido praticados no interior da própria administração, em referência a seus agentes; quer o tenham sido em suas relações externas com os administrados.

Com efeito, o Poder Jurisdicional Administrativo, como excepcional, não pode, em seu exercício, ir além do fim a que é destinado, e que contêm em si a razão da sua existência. Ora este fim é o de manter-se a independência da administração, na prática de atos puramente administrativos; porque eles não podem estar sujeitos à apreciação de outro qualquer poder, sem prejuízo do interesse público. Em consequência, sendo esta a razão de ser daquele poder jurisdicional, a administração não pode exercer a sua judicatura, senão quando o administrado reclama em nome de um direito de ordem administrativa, lesado ou ferido por um ato da espécie, de que tratamos.

429. Assim, pois, a matéria da jurisdição contenciosa administrativa pressupõe:

1º a preexistência de um direito de ordem administrativa a favor do administrado;

2º a obrigação correspondente especial da parte da administração;

3º a existência de um ato puramente administrativo, lesando ou ofendendo a esse direito;

4º a reclamação da parte do administrado contra a administração, em razão da ofensa ou lesão do mesmo direito.

430. Dado o conjunto de todos estes elementos essenciais, surge a matéria contenciosa administrativa. Se, porém, um deles lhe faltar, ou porque o direito ofendido não seja desta ordem, ou porque o ato, que o lesou seja de simples gerência; a jurisdição, à

cuja competência ela deve pertencer, é a judiciária; porquanto, ou a administração não atuou como autoridade, quando praticou o ato lesivo; ou o direito em questão, não é da alçada, que lhe é própria.

431. Não há, portanto, necessidade de uma nomenclatura de todos os negócios, que, por natureza, pertençam à competência da jurisdição contenciosa administrativa; porquanto, uma vez determinados os elementos componentes da sua matéria, têm-se um critério certo, para, por meio dele, se conhecer, em cada hipótese, se a espécie é, ou não, dessa competência.

432. II. Existindo a matéria contenciosa administrativa, resultante dos elementos, que ficarão determinados, pode a administração começar a exercer a respectiva jurisdição.

Com efeito, dirigida pelo administrado ao agente da administração uma reclamação, baseada em um direito adquirido, pertencente à ordem administrativa, ofendido por um ato de autoridade, pelo mesmo praticado, ele há de forçosamente atendê-la ou desprezá-la. No primeiro caso, extingue-se a matéria; porque, reparada a lesão do direito, que serviu de fundamento a reclamação, torna-se impossível a contenda entre a administração e o administrado reclamante. Não assim no segundo; porquanto, desprezada a reclamação, a matéria contenciosa permanece intacta, e o reclamante pode recorrer dá decisão.

Assim, pois, pode-se firmar que, sendo contenciosa a matéria, o despacho pelo qual o administrador rejeita a reclamação, que sobre ela versa, marca o momento, desde o qual a *contenda pode ser travada entre a administração e o administrado, pela interposição do recurso* para as autoridades competentes.

433. Ora, desde que o recurso é interposto, até que seja decidido, todos os atos praticados são da competência da jurisdição contenciosa administrativa, porque prendem-se à contenda, *que deve terminar pela decisão final* dos competentes juízes ou tribunais da administração.

434. III. Em consequência, o contencioso administrativo, que compreende todos esses atos, e que constitui o objeto desta competência é – o debate entre a administração e o administrado, perante os juízes e tribunais administrativos, e a decisão final por eles proferida, mediante recurso, sobre reclamação levantada, em razão da violação de um direito de ordem administrativa, por efeito de um ato especial de autoridade, praticado por agente da mesma administração.

435. Definindo deste modo o contencioso administrativo, nós o distinguimos, pela diferença que lhe é própria, não somente do contencioso judiciário, como também do que é gracioso em administração.

Com efeito, o contencioso judiciário versa sobre questões concernentes a direitos de ordem civil ou criminal; compreendendo as que têm por objeto um Direito Administrativo, somente quando o estado desse direito não foi alterado em consequência de um ato de autoridade da parte da administração.

O contencioso administrativo, porém, não podendo abranger as questões judiciárias, exclui também a competência desta espécie, quando as questões têm por fundamento um direito de ordem administrativa, ofendido por um ato de autoridade, praticado por agente da administração.

Conseguintemente, o conjunto destes dois elementos, constitui a diferença, que, sendo própria deste contencioso, o distingue perfeitamente do contencioso judiciário.

436. Do mesmo modo, a existência do direito, por si só, como seu elemento componente, o distingue perfeitamente do que é gracioso na administração; porquanto, as reclamações, que servem de matéria à jurisdição desta espécie, baseiam-se não em direito, mas em simples interesse.

Em consequência, se é para se estabelecer rigorosamente estas distinções, que o contencioso administrativo deve ser definido, parece que a definição, acima formulada, deve satisfazer; porquanto, por meio dela, consegue-se esse resultado, como fica demonstrado.

CAPÍTULO III – DAS INTERFERÊNCIAS RECÍPROCAS DAS AUTORIDADES ADMINISTRATIVAS E JUDICIÁRIAS, POR OCASIÃO DA DETERMINAÇÃO DE UM DIREITO DE ORIGEM ADMINISTRATIVA

437. I. Determinados os elementos componentes do contencioso administrativo que ficou definido, cumpre fazer observar com Laferrière, que nem sempre as funções jurisdicionais da administração pressupõem, para serem exercidas, a existência de um debate, travado entre ela e qualquer administrado, tendo por objeto matéria contenciosa.

Com efeito, muitas vezes pode acontecer que entre dois ou mais particulares travem-se questões concernentes a direitos de origem administrativa, como, por exemplo, quando o concessionário de um privilégio pretende que outrem tenha ofendido, por seus atos, o direito exclusivo, que dali lhe provêm, e o pretenso ofensor conteste-lhe a existência ou a compreensão desse direito.

Ora, neste caso, e em outros semelhantes, conquanto a competência para conhecer da questão seja dos juízes e tribunais judiciários, porque ela se agita entre particulares; contudo, como a contestação afeta ao ato gerador do direito, e é de necessidade que ele seja interpretado de conformidade com o fim, que a administração teve em vista, quando o realizou, a ela compete declarar sua compreensão, determinando o direito que dele resulta.

Em consequência, aparecendo este incidente, cuja decisão deve determinar o direito, que tem de servir de base ao julgamento da questão, sustão aqueles juízes e tribunais o processo, até que a administração, como autoridade competente, o decida, declarando qual o direito, que foi concedido ao litigante.

438. Proferida, porém, essa decisão, se com ela não se conformar a parte, porque pretenda ter mais extenso direito, não há dúvida que, julgando-se lesada por esse ato puramente administrativo, pode contra ele reclamar; e se atendida não for a sua reclamação, do ato que a repelir, poderá recorrer para a autoridade competente.

Com efeito, na hipótese figurada, concorrem todos os elementos componentes da matéria contenciosa administrativa; porquanto, o direito, sobre cuja determinação versou a decisão proferida, é de origem administrativa; e a mesma decisão, que o restringiu, é um ato de autoridade, praticado pela administração.

Se, pois, reclamando o administrado contra esse ato, que o lesou naquele direito, não é atendido, torna-se manifesto o desacordo entre ele e a administração, pelo ato de indeferimento à sua reclamação.

Conseguintemente, dado este desacordo, há matéria para o contencioso administrativo, que pode se manifestar pela interposição do recurso para o juiz ou Tribunal Superior da administração, a cujo conhecimento deva pertencer.

439. Decidido afinal o incidente, e determinado pela autoridade administrativa competente o direito em litígio, recebem os juízes e tribunais judiciários essa decisão, como uma sentença que passou em julgado. Tomando, portanto, sem mais exame, o direito assim determinado, limitam-se a confrontar com ele os fatos alegados e provados pelos contendores, para proferirem o seu julgamento.

Assim, pois, respeitam as autoridades judiciárias a competência das administrativas, quando é necessário que estas intervenham em questões, que elas devem conhecer e decidir.

440. II. Do mesmo modo que aquelas autoridades sustão o processo, quando sobrevém um incidente de ordem administrativa, cujo conhecimento e decisão competem à administração; assim também os juízes e tribunais desta ordem suspendem seu

procedimento, quando aparece um incidente judiciário, até que pela autoridade competente seja ele decidido.

É assim que, entre nós, pelo Regulamento n. 124 de 5 de fevereiro de 1842, arts. 41 e 42, quando se argui de falsidade algum documento ou testemunha, e o Conselho de Estado, ou suas seções são de parecer que qualquer desses elementos de prova, assim arguido, é indispensável para a decisão da questão; não querendo a parte renunciá-lo, suspende-se o processo administrativo, até que, em juízo competente, se decida essa arguição.

Assim, pois, autoridades judiciárias intervém também incidentemente em questões, que se agitam perante os tribunais administrativos, regularizando elementos, que devem servir de base às decisões que eles tenham de proferir.

441. Não obstante, porém, estas recíprocas interferências das autoridades administrativas e das judiciárias, mantêm-se entre elas o princípio de independência; porquanto, nestes mesmos casos, elas atuam, cada uma, no domínio que lhes é próprio; respeitando-se assim reciprocamente, e guardando os limites, que separam o contencioso administrativo do contencioso judiciário.

CAPÍTULO IV – DAS DESCLASSIFICAÇÕES

442. I. Posto que o contencioso administrativo seja distinto, não somente do contencioso judiciário, como também do que é gracioso na administração; todavia, algumas vezes, rompem-se, por força da lei, as barreiras naturais, que determinam o seu domínio, invertendo-se, em nome da utilidade pública, as atribuições, as matérias e os processos.

Ora, ao conjunto dessas inversões, Chauveau Adolpho dá a denominação de – DESCLASSIFICAÇÕES; as quais, portanto, são bem definidas pelo Sr. Conselheiro Ribas, como – *exceções feitas pela lei nos princípios gerais, que determinam a competência do contencioso administrativo.*

Com efeito, considerando-se a competência deste contencioso, dentro de seus limites naturais, vê-se que, mediante as desclassificações, ela se aumenta ou diminui por força da lei: aumenta-se, quando a lei lhe atribui matérias graciosas administrativas, ou contenciosas judiciárias, para serem tratadas por ela, segundo o processo contencioso administrativo; diminui, quando, *vice-versa*, matérias administrativas contenciosas lhe são tiradas, para serem afetas, ou à administração graciosa, ou à competência judiciária, afim de serem tratadas por estas do mesmo modo, porque tratam as que lhes são próprias.

Assim, pois, realizando-se as desclassificações pelo aumento ou pela diminuição do domínio natural do contencioso administrativo, torna-se manifesto que elas constituem efetivamente verdadeiras exceções, impostas pela lei aos princípios gerais, que determinam a competência do mesmo contencioso.

443. II. Do que ficou exposto, é consequente que as desclassificações, quer aumentem, quer diminuam o domínio natural deste contencioso, reduzem-se a duas categorias; porquanto, elas têm lugar, ou em referência à competência judiciária, ou em relação à jurisdição graciosa administrativa.

444. Cada uma destas duas categorias tem seu modo próprio de manifestação; porquanto, as desclassificações, que se efetuam entre a competência contenciosa administrativa e a judiciária, manifestam-se, não tanto pela passagem das matérias, como pela uniformidade do processo; mas as que se realizam no seio da própria administração, entre aquela competência e a graciosa, revelam-se pela concessão ou denegação do recurso, atenta a natureza do objeto.

445. Com efeito, quanto à primeira, não basta, para que se deem desclassificações, que matérias administrativas sejam atribuídas a autoridades judiciárias; e, *vice-versa*, que matérias judiciárias sejam atribuídas a autoridades administrativas; porquanto, se cada uma dessas autoridades conhecer da matéria estranha, que lhe é atribuída, mediante o processo por que deve ser tratada, esta não será desclassificada, mas apenas acumulada.

Quando, porém, autoridades administrativas devem processar as matérias judiciárias, que lhes são atribuídas, do mesmo modo porque processam as administrativas, que lhes são próprias; e, *vice-versa*, quando autoridades judiciárias devem aplicar a questões administrativas, de cujo conhecimento e decisão estejam encarregadas, o mesmo processo, que aplicam às judiciárias; realiza-se efetivamente, em um e outro caso, uma verdadeira desclassificação, bem distinta da acumulação.

Em consequência, a uniformidade do processo, equiparando matérias distintas por natureza, é o meio pelo qual se manifestam as desclassificações da primeira categoria.

446. Nas da segunda, porém, não se dando a passagem das matérias da competência de uma para a de outra autoridade diversa, mas operando-se todas as inversões no seio da própria administração, como acima dissemos; elas não podem se manifestar, senão por meio da comparação da natureza da espécie com a concessão ou a denegação do recurso. Assim conhece-se que há desclassificação, quando a espécie é contenciosa por natureza, e o recurso é negado; do mesmo modo que quando ela é graciosa, e o recurso é concedido.

447. III. Sendo as desclassificações, tanto de uma como de outra categoria, verdadeiras exceções impostas pela lei, em vista do interesse público, aos princípios gerais, que determinam a competência do contencioso administrativo, nem por isso elas são contrárias às determinações positivas da nossa Constituição política, concernentes aos limites das atribuições do Poder Judicial e do Executivo.

Com efeito, a Lei fundamental, ocupando-se daquele poder no título VI, capítulo único, ali declara, no art. 151, que ele é independente, e será composto de juízes e tribunais, os quais terão lugar assim no CIVIL, como no CRIME, *nos casos e pelo modo que os códigos determinarem*. Ora, sendo assim, é evidente que, se é certo que a esfera das atribuições desse poder não pode abranger outras, que não sejam compreendidas nos gêneros – *civil* e *criminal*;

é também incontestável que, qualquer que seja a compreensão do primeiro gênero, nem todas as espécies, nele contidas, são da competência do mesmo poder.

Conseguintemente, é conforme, e não repugnante, a esta disposição constitucional, que o Poder Legislativo, encarregado de determinar no gênero civil os casos, em que o Judicial tem de funcionar, deixe os demais a competência administrativa; ou tire-os desta competência, para atribuí-los à dos juízes e tribunais judiciários.

448. Se, em consequência do que ficou ponderado, não repugnam às disposições constitucionais as desclassificações da primeira categoria, não é menos certo que lhes não fazem oposição as da segunda: antes, pelo contrário, na própria Constituição se encontram exemplos, em que estas podem ser firmadas.

E de fato, a desapropriação por exigência do bem público, e a suspensão das garantias constitucionais, quando corre a pátria iminente perigo, oferecem dois casos de desclassificações, não somente entre as competências contenciosas, judiciária e administrativa; como também entre esta e a jurisdição graciosa, como é fácil de se compreender.

Com efeito, a condição imposta para a desapropriação é a exigência do bem público, legalmente verificado, nos casos determinados pela lei;[191] e a causa que justifica a suspensão das garantias, é a segurança do Estado, quando em perigo iminente.[192]

Ora, o poder competente para verificar não somente aquelas exigências, como também a existência deste perigo, é incontestavelmente o Executivo, em tanto quanto administra; porquanto a

191 Constituição, art. 179, § 22.

192 Constituição, art. 179, § 34 e 35.

ele incumbe prover a tudo que for concernente, assim ao bem geral do país, como à segurança interna e externa do Estado.[193]

Em consequência destas atribuições, o direito de propriedade, bem como o da liberdade individual, que, por natureza, devem estar sob a proteção da justiça civil e criminal, passam excepcionalmente, em tais casos, para a competência administrativa, não contenciosa, mas graciosa, visto como, dos decretos de desapropriação e de suspensão de garantias, que partem do governo, a lei não dá recurso algum.[194]

Há, portanto, nestes exemplos, verdadeiras desclassificações, de uma e de outra categoria; e sendo assim, elas não repugnam, mas antes são conformes aos princípios constitucionais, relativos aos limites das atribuições dos Poderes Judicial e Executivo, como temos afirmado.

---

193 Constituição, art. 102, § 15.

194 Lei de 9 de setembro de 1826, art. 8º; Constituição, art. 179, § 35.

TÍTULO II

DO CONTENCIOSO ADMINISTRATIVO POR NOSSO DIREITO

CAPÍTULO I – DA MATÉRIA CONTENCIOSA ADMINISTRATIVA

449. Na tecnologia do direito pátrio, negócios contenciosos, matéria contenciosa, constituem gênero, que abrange não somente as espécies, que são contenciosas por natureza, como também as que são tais por disposição de lei, direta ou indiretamente.

Com efeito, a indicação destas matérias, bem como o estabelecimento do respectivo processo, têm sido, entre nós, obra quase que exclusiva do governo, autorizado pelo Poder Legislativo: *máxime* em referência ao Conselho de Estado, ao Tesouro Nacional, e às Tesourarias Provinciais, como é manifesto da Lei de 23 de novembro de 1841, art. 89, e a de 4 de junho de 1850.

450. Mas, nem as leis, que têm concedido autorização ao governo para reformar repartições, nem o mesmo governo, em seus decretos regulamentares, têm feito uma classificação precisa de todos os negócios ou matérias contenciosas administrativas,

sujeitando-as a um princípio geral, positivamente determinado, para discriminá-las não somente das judiciais, como também das que são graciosas.

451. Assim, não havendo uma nomenclatura positiva e clara de semelhantes matérias, aquelas que são determinadas como contenciosas administrativas por nosso direito, acham-se esparsas, na máxima parte, em diferentes disposições regulamentares, estabelecidas pelo governo.

Tais são os conflitos de jurisdição entre as autoridades administrativas, e entre estas e as judiciárias; os abusos das autoridades eclesiásticas; as questões de presas e indenizações;[195] a liquidação de dívidas passivas militares dentro de um ano;[196] a liquidação de contas de dívidas ativas da Fazenda Nacional;[197] a prisão, sequestro e multa por determinação da lei, e imposição das repartições fiscais, contra empregados responsáveis por dinheiros públicos, quando não prestam contas, como lhes cumpre;[198] as reclamações sobre o contencioso da mesma fazenda; as questões sobre fianças e contratos com ela celebrados; as decisões das Tesourarias e dos chefes das repartições fiscais; as prescrições de obrigações por dívidas ativas e passivas do Estado, quaisquer que sejam os respectivos títulos.[199]

452. Ora, destas indicações, segue-se que, a parte o que se acha definido como assunto contencioso, em relação à Fazenda Pública, não há material, positivamente determinado, para constituir o contencioso administrativo, em referência à massa imensa dos serviços componentes dos outros ramos confiados à administração.

---

195 Regulamento de 5 de fevereiro de 1842, arts. 24 e 32.

196 Lei de 18 de outubro de 1845, art. 51.

197 Decreto de 20 de novembro de 1850.

198 Decreto de 22 de novembro de 1851.

199 Decreto de 29 de janeiro de 1859.

453. Não obstante, o Regulamento de 5 de fevereiro de 1842 declara nos arts. 45 e 46, que há recursos, não somente das resoluções dos Presidentes de província, em *negócios contenciosos*, como também das decisões dos ministros de Estado, sobre matéria da mesma espécie, para serem decididos por decreto imperial, com audiência, ou não, do Conselho de Estado, ou de qualquer de suas seções, à qual o assunto pertencer.

454. Em consequência, não estando positivamente definidas todas as atribuições contenciosas, que o Regulamento reconhece, assim nestes ministros como naqueles Presidentes; elas não podem ser completa e perfeitamente determinadas, senão pela natureza das questões, como diz, e muito bem, o Visconde do Uruguay.

455. Assim, pois, por nosso direito, são contenciosas administrativas, ou antes, fornecem matéria ao contencioso desta espécie, todas as decisões proferidas pelos ministros de Estado, e Presidentes de província, sobre reclamações contra atos especiais, por eles ou por seus agentes praticados, quando relativos a negócios de sua competência, e lesivos de direitos pertencentes, por natureza ou por lei, à ordem administrativa.

Firmamos, portanto, que, na tecnologia do direito pátrio, matérias contenciosas administrativas compreendem todas as que são tais por natureza, ou por lei, direta ou indiretamente.

CAPÍTULO II – DA COMPETÊNCIA DO CONTENCIOSO ADMINISTRATIVO E DA DISTINÇÃO ENTRE CONSELHOS E TRIBUNAIS

456. I. Determinando-se a competência deste contencioso em razão da matéria, que lhe é própria, por ser distinta, por natureza ou por lei, não somente das que são graciosas, mas também das que pertencem à competência judiciária; segue-se, como consequente, que a respectiva jurisdição deve também, quanto possível, ser exercida por juízes e tribunais distintos, pertencentes

à ordem administrativa, como exige a independência necessária à administração.

457. Mas, do mesmo modo que a distribuição das funções ativas e consultivas é de necessidade para a prontidão e acerto dos atos espontâneos da administração, assim também o é, em relação aos atos jurisdicionais, que ela tiver de praticar.

Em consequência, juízes, tribunais e conselhos administrativos devem exercer funções, como realmente exercem, sobre matérias contenciosas.

458. II. Entretanto, é de se observar que, conquanto estes conselhos e tribunais exerçam tais funções; todavia, eles distinguem-se uns dos outros, em razão da diferença dos atos que praticam.

Com efeito, os conselhos são corpos consultivos, encarregados de ilustrar as questões com seus pareceres; mas não julgam; não proferem decisões, que firmem o direito em litígio; não separam contendores, dando a cada um o que lhe é devido, fazendo-lhes assim justiça. Os tribunais, pelo contrário; como corpos coletivos, encarregados da administração da justiça administrativa, decidem, mediante recursos, as reclamações levantadas por administrados, exigindo o reconhecimento ou a reparação de um direito, sujeito à sua competência, quando desconhecido ou lesado por ato especial, puramente administrativo.

Há, portanto, verdadeira distinção entre os conselhos e os tribunais administrativos; porquanto, estes exercem funções sobre matérias contenciosas, mas com jurisdição, firmando afinal o direito irrevogavelmente; aqueles, porém, exercem-nas também, mas apenas consultivas, sem esse poder jurisdicional, porque os seus pareceres jamais se impõem como as sentenças, que se tornam irrevogáveis.

459. Em consequência, não havendo identidade entre conselho e tribunal, e podendo, entretanto, um mesmo corpo coletivo acumular funções diversas, tanto consultivas como deliberativas, para

serem exercidas sobre matérias contenciosas; torna-se manifesto que ele será conselho, quando consultar; tribunal, porém, quando julgar; mantendo-se assim a distinção, em razão da diferença dos atos que tiver de praticar.

TÍTULO III

DOS JUÍZES E TRIBUNAIS ADMINISTRATIVOS

CAPÍTULO I – DA INDICAÇÃO DOS JUÍZES E TRIBUNAIS

460. I. As funções contenciosas administrativas são exercidas não somente por tribunais ou corpos coletivos, mas também por diferentes agentes, ou juízes singulares, pertencentes à administração.

Assim, exercem-nas, como tribunais, segundo o Visconde do Uruguay, – o Conselho de Estado, o Tesouro Nacional, as Tesourarias de Fazenda, as congregações de lentes, os tribunais do comércio, e outros corpos secundários.

Exercem-nas, como juízes singulares, – os ministros de Estado, os Presidentes de província, os inspectores de alfândegas, os administradores de mesas de rendas, os coletores, os capitães dos portos, os auditores de marinha, os administradores dos consulados e os dos correios, além de outros agentes.

461. II. Mas estas autoridades, singulares ou coletivas, exercendo suas funções, deliberativas ou consultivas, sobre matérias

contenciosas, não atuam indistintamente; porquanto, cada uma delas tem por limites do contencioso, que lhe é próprio, os que demarcam o ramo de serviços, de que se acha encarregada, em referência à nação toda, ou a certas e determinadas circunscrições territoriais.

Dai vem que os juízes e tribunais administrativos, como os judiciais, têm sua competência determinada, não somente em razão da matéria, como também em razão dos lugares e das pessoas: porquanto, não podem exercer funções contenciosas, senão dentro dos limites de sua jurisdição, e isso mesmo quando as questões suscitadas versão sobre lesões de direito de ordem administrativa, praticadas por agentes que lhe são subordinados.

CAPÍTULO II – DO CONSELHO DE ESTADO

462. I. De todos os órgãos de funções concernentes à distribuição da justiça administrativa, o mais elevado é por certo o Conselho de Estado, porque atualmente abrange, em sua competência, todos os negócios da Administração Pública, qualquer que seja a repartição ministerial a que pertençam.[200]

Com efeito, se até 1859 o Tribunal do Tesouro Nacional era o único órgão de justiça administrativa, que, em quanto exercida funções contenciosas, em relação aos negócios pertencentes à Fazenda, não conhecia como superior o Conselho de Estado, porque, das suas decisões sobre tais matérias, não havia recurso algum; outro tanto não se pode dizer, de então em diante, em vista do decreto regulamentar de 29 de janeiro daquele ano, que as submeteu a uma espécie de recurso de revista para este Conselho.

Assim é que atualmente, em virtude dos arts. 28 e 29 deste decreto, quando o ministro da Fazenda, ou a parte interessada, entender que as decisões daquele tribunal, em matéria contenciosa,

---

200 Regulamento n. 124 de 5 de fevereiro de 1842, título I caps. 1 e 2.

laboram em qualquer dos vícios de *incompetência, excesso de poder, violação de lei ou de formalidades essenciais*, poderá obter que elas sejam declaradas nulas pelo Conselho de Estado, mediante o recurso necessário ou voluntário, interposto pelo ministro, ou pela parte não convencida.

Em consequência, ficou firmada por esse decreto a supremacia deste Conselho, mesmo em referência ao Tribunal do Tesouro Nacional.

463. II. Entretanto, o Conselho de Estado não é, como parece, um tribunal administrativo, no sentido rigoroso da palavra; porquanto, como se evidencia do art. 7 da Lei de 23 de novembro de 1841, que o restaurou, o legislador não lhe deu a atribuição de julgar, mas sim a de consultar, quando o Imperador houver por bem ouvi-lo.[201]

464. Sendo assim, e não passando este Conselho de simples órgão consultivo, quando as leis ou regulamentos estabelecem que para ele há recurso, desta ou daquela decisão em matéria administrativa, a autoridade, para a qual realmente, em tais casos, se recorre, é a do Imperador; porquanto, é ele quem, como chefe supremo do poder que administra, decide por decreto essas questões, ouvindo, ou deixando de ouvir o mesmo Conselho, ou qualquer das suas seções.[202]

Em consequência, o juiz supremo dos recursos é o Imperador; o Conselho é simples consultor; e as suas seções são preparadoras do respectivo processo, cada uma para a classe de serviços da sua competência.

465. III. Firmado assim o caráter do Conselho de Estado, que não passa de órgão simplesmente consultivo, devemos fazer observar que ele o conserva sempre inalterável, mesmo quando, por exceção, a sua audiência torna-se necessária, e, por conseguinte, obrigatória.

---

201 Resolução de 14 de novembro de 1850 sobre o art. 8 da Lei de 4 de setembro do mesmo ano.

202 Regulamento n. 124 de 5 de fevereiro de 1842, arts. 46, 47, 49 e 51.

Com efeito, tendo a Lei de 23 de novembro de 1841 restaurado este Conselho, com audiência facultativa, indistintamente, como é expresso em seu art. 7º; o regulamento de 5 de fevereiro de 1842 não podia torná-la obrigatória, nem mesmo sobre questões concernentes a negócios contenciosos.

Mas, a esta regra estabelecida, assim no art. 7º da lei, como no art. 46 do regulamento, leis posteriores têm imposto exceções, tornando aquela audiência obrigatória nos casos, em que elas dão recurso expressamente para este Conselho; porquanto, repugna que o recurso deva lhe ser dirigido, e que, não obstante, possa o Imperador tomar conhecimento dele e decidi-lo, sem sua audiência.

Assim, pois, têm-se entendido, e com razão, que, quando as leis declaram que, destas ou daquelas decisões, *haverá recurso para o Conselho de Estado*; a audiência deste conselho, é, em tais casos, obrigatória, e não facultativa.

466. Não obstante, porém, o seu voto é simplesmente consultivo, e não deliberativo; porquanto, o Imperador, que é quem afinal decide e julga todas as questões, pode deixar de conformar-se com seu parecer, ainda mesmo nos casos em que, por lei, sua audiência seja obrigatória.

Portanto, pode-se concluir que o Conselho de Estado é sempre órgão meramente consultivo, e não tribunal administrativo com autoridade de decidir e julgar, em caso algum, questões contenciosas, dando por si mesmo força de sentença às suas decisões.

CAPÍTULO III – DAS INSTÂNCIAS ADMINISTRATIVAS

467. I. Do que ficou expendido nos capítulos antecedentes, segue-se, como consequência, que, na ordem administrativa, também há instâncias, como na judiciárias; porquanto, das decisões proferidas pelos juízes e tribunais administrativos sobre questões

contenciosas, entre a administração e qualquer administrado, de ordinário, ainda há recursos para outros juízes ou tribunais hierarquicamente superiores.

468. É assim que, quando a administração ativa, no exercício das suas funções, encontra-se com um direito de ordem administrativa, ou como tal considerado pela lei, e chega a feri-lo; pode o sujeito desse direito levantar sua reclamação contra o ato especial administrativo que o lesou, perante a mesma autoridade que o tiver praticado.

Se, levantada a reclamação, for ela atendida e a lesão reparada, desaparecerá a causa da contenda; no caso contrário, porém, poderá ainda o reclamante recorrer para a autoridade superior competente, a fim de que esta decida a questão, que irá ser travada entre ele e a administração, representada pelo agente, que o desatendeu em seu direito.

469. Interposto o recurso do despacho, que indeferir a reclamação, inicia-se o contencioso administrativo, em que aparecem como contendores, de um lado, a administração, e, de outro, o administrado recorrente; tendo como julgador da contenda, entre ambos levantada, o juiz ou tribunal administrativo competente, para o qual o reclamante recorreu.

470. Conquanto estes juízes e tribunais, para os quais se recorre dos despachos que desatendem as reclamações, sejam superiores, em relação às autoridades que os proferem; contudo, quando conhecem dos recursos interpostos, decidem as questões em primeira instância, porquanto são eles os primeiros, que as sentenciam, proferindo suas decisões contenciosamente.

471. Mas, decididas assim por eles as questões, dá-se uma de duas: ou a lei concede ainda recursos dessas decisões para outros juízes ou tribunais superiores; ou não. No primeiro caso, o julgamento é proferido em primeira instância, porque pode-se abrir uma segunda; no segundo caso, porém, como não há mais recurso, a decisão é dada em primeira e última.

Assim, pois, há, com efeito, na ordem administrativa, do mesmo modo que na judiciária, mais de uma instância, em que se debatem as questões contenciosas da administração.

472. II. Com diferença, porém, da ordem judiciária, a administrativa conta mais de duas instâncias, como é fácil de se demonstrar.

Com efeito, as Tesourarias de Fazenda, por exemplo, conhecem, em grau de recurso, das decisões dos chefes das repartições fiscais. Ora, das decisões das Tesourarias há recurso para o ministro da fazenda, e das que por ele forem proferidas, ainda o há para o Conselho de Estado; porquanto, o Regulamento de 5 de fevereiro de 1842, art. 46, não excetuou as decisões deste ministro em matéria contenciosa.

Conseguintemente, podendo haver recurso das decisões daqueles chefes para as Tesourarias; destas para o ministro, e do ministro para o Conselho de Estado; torna-se manifesto que as questões contenciosas administrativas, concernentes à Fazenda Nacional, podem ser discutidas e julgadas em três instâncias, mediante recursos interpostos das decisões de umas para outras autoridades superiores, sempre que as causas, por sua importância, forem excedentes das alçadas inferiores.

473. Do mesmo modo, das decisões do Tribunal do Tesouro, que também o é de recurso, recorre-se igualmente para o mesmo Conselho, nos casos e nos termos dos arts. 28 e 29 do decreto regulamentar de 29 de janeiro de 1859.

Em consequência, pode-se concluir que, na ordem do contencioso administrativo, há mais de duas instâncias, como parece ter ficado firmado por estes exemplos, que são bem claros.

CAPÍTULO IV – DO PROCESSO ADMINISTRATIVO EM MATÉRIA CONTENCIOSA

474. I. Como as questões contenciosas administrativas podem ser discutidas e julgadas em mais de uma instância, mediante os recursos que as leis concederem; segue-se que a jurisdição dos juízes e tribunais administrativos se divide, como as mesmas instâncias, em inferior e superior, na ordem em que eles têm de funcionar, conhecendo e decidindo de matérias idênticas, debatidas entre os mesmos contendores.

475. Ora, quer se trate destas questões nas instâncias ou jurisdições inferiores, quer se as considere nas superiores; é incontestável que, para serem conhecidas e julgadas, de modo que as decisões, sobre elas proferidas, sejam revestidas de tais caráteres de certeza, que convençam mesmo aqueles, contra cujas pretensões se pronunciem, deve haver uma ordem a seguir, um conjunto de princípios ou de regras, cuja observância seja imposta aos julgadores, como asseguradoras presuntivas do descobrimento da verdade nessas relações.[203]

476. Conseguintemente, todos esses princípios e regras, que, para este fim, se convertem em solenidades legais, devem presidir a todos os atos, que têm de ser praticados nas diferentes fases do processo, determinadas pela instrução, pela investigação e decisão.

477. II. De fato, quando um administrado levanta sua reclamação perante a autoridade administrativa, queixando-se lhe de que ela, por um ato seu, o tenha ofendido em um direito, ou mesmo em um interesse; para poder esperar ser atendido, deve, não somente formular o seu pedido em termos claros e precisos, mas também instrui-lo com os documentos que tiver, e que possam servir de prova, assim do direito que lhe assiste, ou do interesse que tem, como do ato puramente administrativo que o lesou.[204]

---

203 Regulamento de 5 de fevereiro de 1842, art. 31.

204 Regulamento de 5 de fevereiro de 1842, art. 33.

478. Mas, além desses documentos, que, como elementos de prova, deve exibir conjuntamente com a reclamação, é direito seu o de requerer, por ela, audiências e informações de funcionários e empregados, em referência ao assunto; bem como exames e vistorias, quando a matéria o exigir.[205]

479. De sua parte, a autoridade administrativa, que tem de tomar conhecimento da reclamação, para proferir sobre ela a sua decisão, está igualmente no direito de ordenar essas diligências, quando entender que são necessárias para o descobrimento da verdade e consequente declaração da justiça, que lhe cumpre fazer ao administrado.[206]

480. Enquanto a autoridade se ocupa em reunir esclarecimentos, por meio de informações e provas, em referência à questão que tem de decidir, ela trata apenas de preparar, de instruir a matéria, que deve ser o objeto da decisão.

Ora, os elementos instrutivos ou probatórios não podem ser colhidos a esmo, mas sim de conformidade com as regras e preceitos estabelecidos, como garantias da verdade, que dos mesmos deve resultar, quando combinados.

481. III. Reunidos estes elementos pró e contra a reclamação, deve a autoridade proceder à investigação, confrontando as alegações com as provas, resolvendo os conflitos, que entre estas possam aparecer; discriminando os fatos provados e confrontando-os com as disposições do direito; em suma, discutindo a causa em todas as suas faces, para o fim de proferir uma decisão fundamentada e justa, deferindo ou indeferindo a preterição do reclamante.[207]

---

205 Cit. Regulamento, art. 34.

206 Cit. Regulamento, art. 35.

207 Regulamento de 5 de fevereiro de 1842, art. 36.

482. IV. Deve-se, porém, fazer observar que a investigação ou discussão da causa administrativa, algumas vezes se resolve em simples pareceres; em outras, em votos deliberativos, importando decisão.

No primeiro caso, não são os pareceres dos órgãos consultivos, singulares ou coletivos, que põem fim às questões; porque a autoridade, que profere o julgamento, atuando sob sua responsabilidade própria, pôde cingir-se à consulta ou afastar-se dela. No segundo, porém, resolvendo-se a discussão em votos deliberativos, a maioria destes importa a decisão final, pró ou contra as pretensões dos administrados reclamantes.

483. V. Assim, pois, cumpre distinguir, nas operações processuais administrativas, as três fases supra indicadas – instrução, discussão, decisão ou julgamento – em cada uma das quais, devem ser observados pelas autoridades, singulares ou coletivas, os preceitos e regras, estabelecidas pela lei como conducentes a determinação da verdade nestas relações jurídicas.

484. Sendo assim, pode-se definir o processo administrativo, na ordem jurisdicional, como – complexo de preceitos, ou de regras estabelecidas pela lei, para serem observadas, como formalidades, na instrução, investigação e decisões das questões sujeitas à competência dos juízes e tribunais administrativos.

485. VI. A preterição dessas formalidades, em qualquer das fases mencionadas, importa sempre nulidade, mas nem sempre absoluta e insanável; porquanto, se há umas, que põem termo ao processo; há outras, que não prejudicam ao andamento da causa, nem ao seu julgamento.

Assim é, com efeito, que, se a incompetência do juiz ou julgador, singular ou coletivo, torna de nenhum valor todo o processado, porque esta falta não pode ser suprida; outro tanto não acontece, quando, por exemplo, a parte juntou um documento, sem sê-lo suficiente, ou sem o conhecimento do pagamento de direitos a que esteja sujeito; ou deixou de exibir algum documento especial, exigido pela lei, como base única admissível do direito reclamado.

Nestes, e em outros casos semelhantes, as faltas podem ser supridas, a requerimento da parte ou *ex officio*; ordenando os juízes ou tribunais administrativos que ela satisfaça as imposições legais; ou requisitando das autoridades competentes as peças, que por lei sejam necessárias para a instrução da matéria.

486. VII. Na investigação da causa, estas autoridades devem indagar também se o direito em questão, está, ou não, prescrito; se houve, ou não, quitação; se o reclamante é, ou não, pessoa legítima. Porquanto, muito embora o processo tenha corrido regularmente, sem preterição de formalidade alguma; se a parte não é legítima, ou se a obrigação administrativa, correspondente ao direito invocado, já se acha extinta por qualquer causa jurídica, a decisão *de meritis* não pode ter lugar.

487. VIII. Em todo caso, porém, proferida uma decisão, que ponha fim ao processo, ou em razão do mérito da questão, ou em virtude de qualquer das causas de nulidades substanciais, ou de falta de legitimidade do reclamante, ou carência de direito; ele ainda pode interpor o seu recurso para o juiz ou Tribunal Superior, que for competente, se o objeto da questão exceder a alçada do julgador, singular ou coletivo, que a tiver decidido.

488. Interposto o recurso, por uma simples petição, para o juiz ou tribunal superior, na mesma declarado, deve a autoridade recorrida mandá-lo tomar por termo, e conceder ao recorrente todas as peças, que lhe forem requeridas, em original ou por certidão, para o fim de o instruir ou fundamentar; podendo ele a juntar ainda outros documentos, que porventura tenha em seu poder, ou que de novo tenha obtido.

489. Depois de instruído convenientemente o recurso pelo recorrente, deve a autoridade fazê-lo seguir, pelos canais competentes, para o juízo ou tribunal *ad quem*; preenchidas, porém, as formalidades legais.

Com efeito, tratando-se deste seguimento, cumpre distinguir, em regra geral, se o processo teve começo perante o juiz ou tribunal *a quo*; ou se estes também já funcionaram nele em grau de recurso. No primeiro caso, fará seguir para o juiz ou tribunal *ad quem*, o processo original, com a petição de recurso, acompanhada de sua informação circunstanciada; no segundo, porém, deverá juntar ainda a essa petição cópia autêntica do despacho recorrido, dos documentos, que lhe servirão de fundamento; do recurso, que lhe fora interposto, acompanhado de todas as peças, que o instruirão; e da informação ou parecer, que lhe tiver dado a respectiva repartição, ou órgão consultivo.

490. Subindo assim o recurso, em um e outro caso, depois de distribuído à seção competente, segundo a espécie do negócio, sobre que versar, estuda ela a matéria e dá o seu parecer, com as devidas conclusões.

491. Discutido o recurso, depois de convenientemente instruído, profere o juiz ou tribunal *ad quem* a sua decisão, pelo modo que lhe é próprio, reformando ou confirmando a decisão recorrida; e se ainda houver recurso para outro tribunal superior, a interposição, seguimento, instrução, discussão e julgamento, devem seguir, no respectivo processo, a mesma ordem supra indicada.

A Editora Contracorrente se preocupa com todos os detalhes de suas obras! Aos curiosos, informamos que este livro foi impresso no mês de abril de 2023, em papel Pólen Natural 80g, pela Gráfica Copiart.